為無聲者發聲

達賴喇嘛的七十年和平抗爭，守護西藏及其人民的自由與權利

VOICE FOR THE VOICELESS

OVER SEVEN DECADES OF STRUGGLE WITH CHINA FOR MY LAND AND MY PEOPLE

第十四世達賴喇嘛 His Holiness the 14th Dalai Lama 著
翁仕杰 譯

目錄

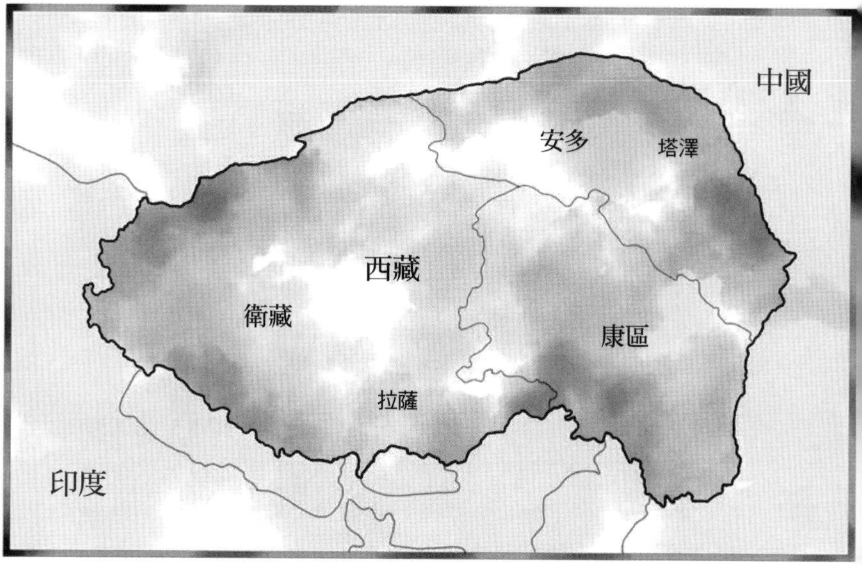

歷史中的西藏傳統上由衛藏、康區和安多三區所組成。

＊免責聲明：

本張地圖並未按比例繪製，僅供說明之用。圖中的邊界既未經驗證，也不意圖反映任何政府的官方立場。有關官方邊界的認定，敬請參考印度測繪局或相關權威資料來源。

THE DALAI LAMA

༄༅། །ད་ལམ་ངོས་ཀྱི་༼བོད་དང་བོད་མིའི་མགྲིན་ཚབ་༽ཅེས་པའི་དེབ་འདི་རྒྱ་ཡིག་ཏུ་བསྒྱུར་ཏེ། ཐའེ་ཝན་ནས་དཔར་སྐྲུན་འགྲེམས་སྤེལ་བགྱིས་པར་ཡི་རང་བསྔགས་བརྗོད་ཡོད།

ངོས་ནས་དེབ་འདིའི་ནང་ནན་བརྗོད་བྱས་ཡོད་པ་ལྟར། བོད་ཀྱི་དཀའ་རྙོག་འདི་མཐར་ཐུག་བོད་རྒྱ་གཉིས་མོས་ཀྱིས་ཞི་བའི་གྲོས་མོལ་ལ་བརྟེན་ནས་ཐག་གཅོད་བྱེད་དགོས་ཤིང་། དེ་ཡང་འཚེ་བ་དང་དྲག་སྤྱོད་ཀྱི་གཞན་དབང་དུ་གྱུར་ན་འགྲིག་ཐབས་མེད་པ་ནན་བརྗོད་བྱས་ཡོད། མ་ཟད་ངོས་ནས་མི་ལོ་བདུན་ཅུ་ཙམ་གྱི་རིང་། རྒྱ་ནག་གཞུང་དང་མཉམ་དུ་ཞི་འགྲིག་ཡོང་ཐབས་སུ། དངོས་ཡོད་གནས་ཚུལ་དང་འཚམ་པའི་འབད་བརྩོན་རིམ་པ་ཅི་བྱས་ཀྱི་རྒྱུད་རིམ་ལོ་རྒྱུས་ཀྱང་ཞིབ་གསལ་བཀོད་ཡོད་པ་ལྟར། དེབ་འདི་བརྒྱུད་རྒྱ་རིགས་ཤེས་ལྡན་རྣམས་ཀྱིས་ངོས་ཀྱིས་ལྷག་བསམ་རྣམ་དག་དང་རྒྱུ་མཚན་ལྡན་པའི་སྒོ་ནས་ཕྱོགས་ཡོངས་དང་འབྲེལ་ཕྱུགས་རྒྱང་གསུམ་ལ་བསམ་བློ་བཏང་སྟེ། བོད་རྒྱ་གཉིས་སྨན་གྱི་ཐབས་ལམ་བཏོན་པར་ཤེས་རྟོགས་དང་རྒྱུས་ལོན་བྱེད་ཐུབ་པའི་ཡིད་ཆེས་ཡོད། དེ་བཞིན་རྒྱ་རིགས་གློག་པ་པོ་གང་ས་སུ་ཡོད་རྣམས་ཀྱིས་བོད་མིའི་ངོས་ཡོད་དཀའ་སྡུག་ལ་གདུང་སེམས་མཉམ་སྐྱེད་ཡོང་བ་དང་། རང་ཉིད་ཀྱི་ལངས་ཕྱོགས་དང་ནུས་པ་ཆེ་ཆུང་ལ་མ་ལྟོས་པར་བོད་ཀྱི་དཀའ་རྙོག་སེལ་ཐབས་སུ་ཕན་གྲོགས་དང་བདེན་རྒྱབ་གནང་རྒྱུའི་རེ་སྐུལ་བྱེད།

དེབ་འདི་རྒྱ་ཡིག་ཏུ་སྒྱུར་མཁན་གྱི་ལོ་ཙཱ་བ་ལྷུང་ཧྲི་ཅེ་ལགས་དང་། དཔར་སྐྲུན་འགྲེམས་སྤེལ་བྱེད་པོ་ཐའེ་ཝན་ཧྲང་ཀུའུ་དཔེ་སྐྲུན་ཁང་བཅས་ལ་ཐུགས་རྗེ་ཆེ་ཞུ་རྒྱུ་བཅས། བོད་ཀྱི་ཤཱཀྱའི་དགེ་སློང་ཆོས་སྨྲ་བ། ཏཱ་ལའི་བླ་མ་བསྟན་འཛིན་རྒྱ་མཚོ། བོད་རྒྱལ་ལོ་༢༡༥༢། སྤྱི་ལོ་ ༢༠༢༥ ལོའི་ཟླ་ ༥ ཚེས་ ༢༦ ལ།

中文版序

現今，我這本名為《為無聲者發聲》一書，已由臺灣翻譯成中文並正式出版，我對此深感欣慰與讚許。

正如我在書中已明確指出，西藏問題的終極解決之道，有賴於西藏與中國雙方以誠意開啟對話，唯有透過和平協商的途徑，才能找到真正的出路，絕不應訴諸暴力或對抗。

書中如實記錄了在過去七十年間，我本人根據實際情況與中國政府之間為實現和解所做的努力、推進的歷程與背後的歷史脈絡。我堅信，透過此書，中國知識分子及菁英人士，對我所懷抱的漢藏雙贏的真誠願望，將產生更多的理解與支持。

同時，我也希望所有閱讀此書的華人朋友，能感同身受西藏人民當下所面對的困難與痛苦，並在各自的立場與能力範圍內，為解決西藏問題發揮積極而正面的影響力。

在此，我對本書的中譯者翁仕杰居士與臺灣商周出版社，致上誠摯的謝意。

西藏釋迦比丘說法者 達賴喇嘛 丹增嘉措

藏曆二一五二年　公元二〇二五年五月二十八日

序

[ix] 一九五九年的三月十七日，漆黑霜寒的夜晚，我穿著一件日常藏袍（*chuba*，楚巴），偽裝成在家人，溜出羅布林卡宮的大門。不料那竟成了我從祖國西藏離開超過一甲子的流亡生活的起始。雖然我需逃離家園的種子早在一九五〇年中國共產黨入侵我的國家時已經種下，直接的觸發點卻是由於西藏首都拉薩日益增長的緊張局勢，爆發了一九五九年三月十日的人民起義。在中共入侵後的近九年中，為了謀求藏人的福祉，我努力和中共達成某種協議，但這是不可能完成的任務。在我出走幾天後，中國人民解放軍轟炸了這座城市。就這樣，開啟了我的祖國與人民從二十世紀下半直至二十一世紀的悲慘故事。

自從在一九五九年被迫流亡印度開始，我的首要重責大任一直就是西藏的事務及其人民。我現在已經快九十歲了，西藏議題還是沒有獲得解決，而我的家鄉至今仍在共產 [x] 中國壓迫性的緊密控制中。在西藏境內的西藏人，他們的民族尊嚴持續被剝奪，不具有依照自己的意願過生活的自由，如同一九五〇年以前，持續了千年以上的文化傳統那樣。現今，只要有西藏人表達出任何一絲西藏認同，就會被新的西藏統治者視為威脅，有可能藉危及「穩定」和「領土完整」之名，企圖做出消滅我們文化的各種攻擊。

這本書主要是我代表西藏及其人民，與中國共產黨歷任領導人超過七十年的交涉記述。同時這是對中國人良心的呼籲，在中國有許多人和我們共享大乘佛教（我稱之為梵文傳統）的心靈傳承；除此之外，我也想向關心藏人悲慘處境、更廣大的國際社會說明我們的訴求。西藏人現在面對的問題是一種生存危機：古老民族及其文化、語言的存續關鍵，信仰的宗教也岌岌可危。基於我長期與北京交涉往來所學習到的心得，我也在本書中致力提出一些可作為問題解決之道的提議。鑑於我們的問題是一個具有悠久歷史、獨特文明的民族的抗爭，若有必要，即便我此生終結，這抗爭也仍會持續下去。西藏人有權利作為他們祖國的守護者，這個權利不能被無限期地拒絕，他們對自由的渴求也不能經由鎮壓永遠被粉碎。我們從歷史中所學到足以引以為鑑的明確教訓如下：如果人民永遠不能快樂，就不可能有穩定的社會。

前言

不同於我為自己選擇的其他使命，當我在兩歲被認證為達賴喇嘛的那一刻，整個西藏與人民的責任就加諸於我身上了。一九五〇年，年僅十六歲的我正式成為西藏的世俗領袖。[1]從那時候開始，我內心深處就已承擔起保護西藏、藏人及其文化的責任，只要我還活著，我將一直這樣做。

除了這個主要使命，我承擔的其他人生使命，包含提升以普世或世俗道德為根本的基本人性價值、促進宗教之間的相互瞭解與和諧、鼓勵對古印度的智慧與知識有更深的領會與欣賞。在其他領域，經由內容廣泛的對話、著述和為數眾多的國際訪問，對於自己能夠做出一些實際的貢獻，我感到快樂。

關於西藏，這個我首要承擔且最為切身的責任，卻總是十分艱難。我已經竭盡全

1　這是依據西藏傳統所計算；若不根據西藏系統，則達賴喇嘛當時十五歲。包含精簡版參考書目在內的所有註解都是由編者暨長年擔任達賴喇嘛英文翻譯的圖登金巴（Thupten Jinpa）所補充，旨在提供讀者重要的資料來源及必要的進一步說明。

力，為求與在一九五〇年侵占我國家的中國共產黨達成協議而持續開創契機。在這期間，曾有過三階段的密集對話：一九五〇年代，當我還是住在西藏的年輕領袖時；一九八〇年代，中國領導人鄧小平開放中國時；以及本世紀的最初十年。在我生活的其他所有面向和我所有的其他工作領域中，我和人們來往交流，他們都展現出對共同願景的承諾之心，能夠心胸開闊地彼此信任，甚至在意見不一致時也會誠實表達自己的想法，願意真正參與投入和學習。但說及中國共產黨領導人，令人難過的是，從毛澤東主席到當今的習近平國家主席，情況卻一直大不相同。我經常抱怨，中國共產黨領導人只有一張想要說話的嘴巴，卻沒有可以聆聽的耳朵。

以二〇二一年五月中國政府頒布的《西藏和平解放與繁榮發展》白皮書為例，這份文件一開頭就提及，在一九五〇年中國入侵西藏之後，西藏人民「永遠擺脫離了帝國主義侵略的桎梏和羈絆，走上了團結的光明大道」。（原文：西藏人民永遠擺脫了帝國主義的侵略和羈絆，與全國各族人民一道在祖國大家庭裡走上了團結、進步、發展的光明大道。）又說今天西藏人民享受了「穩定的社會環境、經濟和文化的繁榮」。根據這個說法，自從共產中國「和平解放」西藏以後，藏族人民已經在中華人民共和國（PRC）的大家庭中走向通往自由、繁榮、滿足的不斷上升的軌道。如果這個說法是真實的，在入侵西藏後的各個時期中，又如何解釋超過七十年以來，西藏人為何持續反抗、不滿中國的存在？共產中國似乎有一個簡單的答案：這是因為「達賴集團分裂祖國的活動」。他們在這裡所指的正是我們為了藏人的自由所投入的長期非暴力運動，還有我們為拯救獨特的語言、文化、生態和宗教所付出的努力。西藏人是世代居於西藏高原達數千年之久的民族，我們擁有在自己祖國繼續成為其守護者的各項權利。我們承認，自從中華人民共和國實施經濟自由化後，經濟情況得到顯著的改善，但西藏議題與發展經濟事務無關。西藏議題關乎一個民族以他們與眾不同的語言、文化和宗教傳統生存的需求與權利。既然住在西藏境內的西藏民眾沒有說出自己心聲的自由，這個責任就特別落在我個人身上，自從我在一九五九年流亡以後，我就成為為無權發言者的代言人。

我們的目標仍然是找出雙方都可同意的協商解決方案，而這個目標最終還得要西藏人和中國人一起坐下來談。直到找出一個協商解決方案為止，身處自由世界的西藏人始終肩負著為西藏境內的兄弟姊妹代言的道德責任。這樣做並不是反抗中國，也不是所謂的「分離主義者」。這確實不是在鼓動分裂，畢竟真誠和開放的態度，才是促使雙方相互瞭解，並滿足對方需求的唯一可行之道。只有當雙方創造了可以自由說話和協商的氣氛，才可能有一個持久的協定。

我們很幸運，得以在世界各地擁有眾多和我們團結在一起、為我們的目標挺身而出的朋友。各國政府，特別是在國會的層級，以及遍及自由世界的國際組織，都大力支持我們追求西藏實質上自治的做法——一方面西藏衷心希望獨立，另一方面，現今的真實狀況是西藏人民被禁止在自己的祖國管理自己，或逕行任何有意義的自治，而在這二者之間，我們的追求正是一條中間道路。聯合國、歐洲議會，包含特別是美國在內的許多國家通過了一系列的決議支持我們的主張，除了決議以外，重要的法案也被批准了。

尤其是我們也很幸運地得到印度及其人民慷慨的歡迎和長久持續的支持，這包括了從我以難民身分抵達印度以來的歷屆政府。從印度第一位總理大學者賈瓦哈拉爾・尼赫魯（Pandit Jawaharlal Nehru）開始，到現任的總理納倫德拉・莫迪（Narendra Modi），印度對我及西藏難民的殷勤招待、慷慨解囊和支持從未動搖，對我們在流亡的狀況下教育我們的下一代年輕人，以及重建我們的文化及制度也一樣盡全力幫忙。對我個人而言，我一直深感親切溫暖。

早從七世紀開始，當佛教的典籍首先從梵文翻譯成藏文，我們西藏人就把印度敬仰為「聖人之地」（Aryavarta）。我們衷心珍愛的佛教傳統來自印度，我們在七世紀發明的書寫文字是參考印度的天城體字型（Devanagari）為模範所創建。我們的哲學、心理學、邏輯和宇宙天體學都是印度那爛陀學派傳給我們的禮物。我們的天文學和曆算系統因印度的時輪密續而大為提升、充實。我們的醫藥科學和醫療照護也一直受到印度阿育吠陀的影響。我發現，印度作為我第二個家，真的給了我強大的支撐。

我在印度度過了大半輩子的時間，有時候我會說自己是印度之子。印度豐富的哲學傳統滋養著我的心智，而印度的米與扁豆餵養了我的身體。當我以前在國際間旅行時，我經常聲明我是印度帶給人類兩大禮物的信使，這兩大禮物是宗教多元主義和教導戒殺的非暴力原則。

從一九五〇年開始，我和中華人民共和國交涉已經超過七十年。在這段長久的時期中，我們已經至少見識過這個國家五代領導人。首先是毛主席的領導，在廣大持續的社會動亂中，意識形態占有最為顯著的重要地位，在災難性的文化大革命時被推升到極致，造成幾百萬人死亡，以及更多的人遭受極大的苦難。隨後的鄧小平時代，意識形態變得沒那麼重要，著重的是創造財富。鄧小平「致富光榮」的口號變得眾所皆知、耳熟能詳。接著是江澤民的時代，在此期間，打著「三個代表」[2]的口號，共產黨員擴大涵

2 江澤民清楚明確地用這個理論定義中國共產黨與人民的新關係，需要黨來代表他所謂的：一、中國先進生產力的發展趨勢；二、中國先進文化的走向；三、多數中國人民的基本利益。

蓋到中國社會的其他階層中。再來是胡錦濤的階段，他的口號是「社會主義的和諧社會」，至少在表面上曾經專注於縮小從鄧小平時代開始發展、持續擴大的財富差距。今天中國處於習近平的領導之下，他宣布的口號是「新時代中國特色的社會主義」。從習近平上任後的近十年作為來判斷，只要牽涉到個人自由和日常生活，中國似乎又回復到毛澤東時代的壓迫政策，只是現在是透過最先進的數位監控科技來執行。現今在中國發生的情況是使用強迫性列寧主義式的國家控制綁住市場資本主義。這是一個極度不穩定的根本悖論，因為對資本主義而言，最必要的就是經濟的開放，這需要社會的開放才可行，然而黨嚴加管控每個層面，不可避免地一定會造成社會封閉。這兩股截然相反的力量彼此拉扯。問題在於這種狀況還能維持多久？

在接近七十五年的歷史中，在單一共產黨明確的持續統治底下，還是一直隱藏著巨大的變化。特別是在毛與鄧的兩個時代之間，改變是根本性的，而且快速到令人驚駭。那些年紀老到還記得冷戰時代的人，也許還能追憶當時蘇聯看起來是多麼地穩固和可長可久。但是當改變來臨時，卻是以令人意想不到的速度發生，其情況就只有極其少數的克里姆林宮國情政策專家曾經預期到。有一件事是很確定的：不管是由個人或政黨帶頭，集權主義從來就沒能永遠持續，因為他們虐待了他們聲稱要代表的人民，再者，嚮往自由是蘊藏在人性中的一股強大力量。此外，他們統治的真正本質——偏執妄想、多疑猜忌、畏懼一般平民——使得集權主義體制天生就不穩定，即使槍桿子可以在短期內占上風。以共產中國的情況而言，一九八九年發生的天安門大規模學生運動，顯示了人民對個人自由和真正開放的深切渴望。不管今天從外部看中國的情況是如何，最簡單的事實依然是，追求更大自由的願望並未消失不見。

多虧鄧小平轉向資本主義、讓中國對世界開放，無可否認，現今中國是世界主要經濟強權。隨著經濟強權而來的，自然是軍事力量與國際政治影響力。看看這個國家如何在未來的一、二十年運用新獲得的影響力，就可以定義其在可見未來的進展方向。它會不會在國內和國外都選擇支配和侵略的系列行動？又或者它會不會選擇負責任的途徑，在共同面對像是和平、氣候變遷、脫貧等等人類集體挑戰時，於世界舞台上欣然接受具有建設性的領導角色？今天中國已經站在十字路口上。若它選擇後者的路徑，那將不只是符合全世界的利益，更是符合中國人民自己的利益。總而言之，這是中國就國家與人民而言最為核心關鍵的議題。於此，我相信經由對話來解決西藏這個由來已久的問題，將會成為一個強而有力的訊號，對它自己的人民和對這個世界皆然，那就是中國選擇這兩條路徑的第二條。他們的領導者所需要的是長遠的眼光、勇氣和寬大為懷。

1 入侵行動與新的統治者

[1] 一九五〇年十月七日，大約有四萬名中國人民解放軍渡過西藏東部康區的德曲河（Drichu，即長江）。該月十九日，他們已經占領昌都，抓住被任命不久的藏東總督阿沛阿旺晉美。這就是共產中國入侵我國家的開始。才剛獨立的印度向中華人民共和國提出抗議，聲明入侵西藏並不符合區域和平的利益。依據西藏計算歲數的方式，我當時只有十六歲。那時我心中隱隱覺得似乎將有可怕的事情發生，我曾窺見攝政王達扎仁波切（Tadrak Rinpoche）在讀一封呈報給他的信件時，臉上露出不可置信的表情。[1]之後我才發現那封信是藏東總督阿沛發來的電報，報告中國士兵襲擊了一個西藏崗哨。

[2] 幾分鐘後，攝政王走出他的房間，下令召開噶廈（Kashag，內閣）會議。十一月十一日，西藏政府向聯合國申訴：

1 塔扎仁波切時任年紀尚輕的達賴喇嘛的攝政王，同時也是負責監督他的正式教育的首席經師。

祕書長閣下：

現在全世界的注意力都集中在藉由國際力量抵抗侵略的韓國，卻沒有人注意到，位於偏遠之地的西藏正經歷相似的狀況。我們相信，不論發生在世界任何一地，侵略一舉都不會被放任不管，自由也不會被置於不受保護的境地，所以我們承擔起向您報告的責任，說明西藏邊境最近發生的事情……

……中國征服西藏將不只擴大衝突範圍，並且會增加對其他亞洲國家獨立與穩定的威脅。

在聯合國大會中，僅有薩爾瓦多嘗試把西藏列入討論議程。遺憾的是，這個提議並沒有獲得任何一個強權大國支持。曾經有人希望，基於和西藏在歷史上的關涉，包括曾簽署雙邊條約，像是拉薩條約（一九〇四年）和西姆拉條約（一九一四年），英國對我們會有較多同情、願意站在我們這一邊，特別是此刻正值西藏歷史的關鍵時刻。看來，世界已經遺棄我們了。

英國和其他強權大國聲稱西藏缺乏明確的國家地位，然而他們非常清楚，一九五〇年時，西藏就已經是一個獨立的國家。就在我一九五九年流亡之後，國際法學家委員會

（International Commission of Jurists）曾依據國際法，確認西藏獨立的國家地位。悲哀而又諷刺的是，由於英國和俄羅斯這兩個帝國在中亞競逐權力，導致這場後來被稱為「大博弈」（the Great Game）的競爭，才使得西藏的國際地位被攪成一團渾水，他們必須負起責任。特別是英國，視西藏為可以自行做出決定的獨立國家進而直接交流，甚至曾經提供武器給西藏，讓西藏能夠保衛東邊的國界，不受中國侵害。英國也和中國國民政府舉行過雙邊會談，後者援引了概念模糊的宗主權[2]而非主權，聲稱擁有西藏。請容我提供一些歷史脈絡以利於理解，英國選擇忽視大清帝國和作為現代民族國家中國之間的重大不同：前者是在不同時期、將不同國家納入其保護之下的滿洲帝國。另一方面，現代中國宣稱自己是一個反帝國主義的多民族國家，而非帝國。因此，即使是基於宗主權而非主權，中國宣稱擁有西藏的基本邏輯也是有缺陷的。未能看清（或者是政治上的不願正視）這個有缺陷的邏輯，拒絕接受西藏已然獨立的現實，以及在大博奕期間做出的立場迴異的行動，在在導致西藏的「合法地位」在國際間顯得模糊不清。

中共的入侵對我個人造成了深刻的衝擊。我記得從布達拉宮的打掃人員那裡聽說，

2 劍橋字典（*Cambridge Dictionary*）定義「宗主權」為「一個國家部分地控制另一個國家的權力」。

西藏的首都拉薩到處都張貼了大字報，要求給予我完全的世俗政權。有人告訴我，人們在街頭傳唱歌曲，要求達賴喇嘛應該被授予成年親政的權力。然而，該如何做的意見卻是分歧的，有一派人說達賴喇嘛還太年輕，另一派則主張賦予我權力的時刻已然到來。最終，由攝政王領導的西藏內閣決定詢問國家神諭的意見。[3]

儀式進行到某個時點時，因為事關重大、不容有誤，氣氛相當緊張，其中有一位神諭在被附身的恍神狀態中，放了一條哈達在我大腿上，然後大聲喊說：「*Dü la bab*（時機已經到了）。」因此，在一九五〇年十一月十七日，我被加冕登基為西藏的世俗領袖，比正常情況下的傳統年齡還早了兩年。為了慶祝這件大事，我批准了一次西藏境內全體大赦，釋放了所有囚犯。

共產中國的強力入侵突然把我推進這個領袖角色。一下子便讓一個原本無憂無慮的年輕男孩瞬間被賦予重責大任，必須領導一個遭受攻擊的國家。這就是為什麼我經常會說，我早在十六歲時就失去了自由。我的國家也遭受同樣的痛苦命運：在十一月底，大

3 在藏傳佛教中，詢問神諭是常見的。這裡所指的國家神諭主要是指乃瓊（Nechung）和嘎東（Gadong），這兩尊護法和達賴喇嘛的法脈有特別的連結。

約在中國入侵七星期後，康區（西藏東部）淪陷了。

身為面對全面戰爭威脅的人民新領袖，那年將盡之際，我與噶廈（內閣）協商過後，決定派代表到印度、美國、英國和尼泊爾，希望能說服這些國家代表我們進行干預調停。我也派了代表到西藏東部的昌都，期盼能夠透過談判，讓中國軍隊從我們的領土撤出。由於共產中國不斷在西藏東部加強武力，大家決定，我應該和內閣一起離開拉薩，移到接近印度邊界的亞東，以防一旦我們必須逃離國家。弔詭的是，作為西藏統治者，我首先做的重大行動之一，竟是逃往印度邊界。趁此機會，我的母親帶著我的小弟丹增曲傑（Tenzin Choegyal）同行，前往印度朝聖。

在此期間，中國人民解放軍暫時駐紮在江達（Gyamda），靠近康區的西部邊界。前往拉薩的路是通行無阻的，但他們想要在不使用武力的情況下占領這個國家的其餘領土。我們別無選擇，只能授權代表團前往北京，被迫進行談判。藏東總督阿沛受命領導這個代表團，我們告訴阿沛，以中國不得再向前挺進為條件，他得以經由我授權，展開談判。一九五一年四月，我的代表團抵達北京，開始正式談判。

初期我們有過零星的電報通訊，但當我在亞東的佛寺等待時，卻是杳無音訊。然後，在一九五一年五月二十三日，我聽著我的老布希牌收音機時，從北京廣播電臺放送的藏語報導聽見，中華人民共和國和所謂的「西藏地方政府」已在當天簽署了和平解放西藏的十七條協議。你可以想像我有多麼震驚。廣播繼續說道，西藏已經被侵略成性的帝國主義勢力占據了近百餘年，他們對西藏進行了各種欺騙和挑撥，使西藏人民陷於奴役和痛苦的深淵。交雜的謊言與羞辱讓我深感身體不適。

直到我的代表團返回拉薩，我才真正知道在那場談判中發生了什麼事。他們以個人暴力與針對西藏人民的軍事行動作為威脅，壓迫、侮辱、虐待、威嚇我的代表團。代表團才剛坐下來要進行談判，就被出示已經預先寫好的十條協議草稿。我的代表團表明西藏是一個獨立的國家，並提出證據支持。中國當然不理會此一說法，隨後修改了原先的十條協議草稿，寫成十七條協議文件，作為最後通牒。備受脅迫的西藏代表團沒有別的選擇，只能屈服讓步。在沒有跟我或我的政府進行任何溝通討論的情況之下，阿沛與他的同仁其實不具有代表西藏簽署任何協議的權力。但是中國人依舊詢問阿沛是否攜帶了西藏政府的官印，即使藏東總督的官印就在身邊，阿沛仍否認稱無。這件事並沒有造成任何阻礙，中國人隨後幫代表團的每位成員刻了新的印章，並在一九五一年五月二十三日，以西藏代表團五名成員的個別名義簽署這份文件，令其生效。

七月十四日，我在亞東接見了從中國派來的代表團，收到毛主席寫給我的一封信。

我告訴中國將軍張經武，待我從亞東返回拉薩、得以徵詢其他西藏官員的意見之後，才會回覆毛主席有關十七條協議的議題。可以想見，關於我是否應該返回首都，在拉薩的西藏人民議會內曾有過一場激烈的辯論。我那時決定駁回從亞東逃往印度的意見，同時我也拒絕了美國為我居中安排政治庇護的提議。最終，我決定最好的做法就是返回拉薩，我們在一九五一年九月召開了西藏人民議會的一個特別會議。阿沛針對這個被預先安排好的協議做出正式報告，在冗長的辯論之後，大家感到別無選擇，因為大批的共產中國軍隊已侵門踏戶、兵臨城下。當時全西藏軍隊僅有大約八千五百個士兵，卻有超過八萬名身經百戰的人民解放軍已準備好進軍西藏。西藏的小型武裝部隊頂多擁有老式英國恩菲爾德步槍（Enfield rifles）、機關槍和迫擊砲而已。

十七條協議以曲解西藏與中國間歷史關係的引言作為開場——「西藏民族是中國境內具有悠久歷史的民族之一，……我們偉大的祖國。」讓我引用下列幾項關鍵條款：

- 西藏人民回到中華人民共和國祖國大家庭中來。
- 西藏地方政府積極協助人民解放軍進入西藏，鞏固國防。
- 在中央人民政府統一領導之下，西藏人民有實行民族區域自治的權利。

- 對於西藏的現行政治制度，中央不予變更。達賴喇嘛的固有地位及職權，中央亦不予變更。
- 尊重西藏人民的宗教信仰和風俗習慣，保護喇嘛寺廟。
- 依據西藏的實際情況，逐步發展西藏民族的語言、文字和學校教育。[4]

雖然這份協議是強加於我們身上的，文件的正文卻很清楚地承諾中華人民共和國會保證西藏的區域自治與自行治理，包括宗教的自由、語言的保護，對於我們土地與生態的監管，還有我們作為一個具有獨特文化與傳統的民族存在的權利。直到一九五九年我逃離西藏為止，這個協議成為我的政府與中國建立關係的基礎。同時，它看似也已成為某些國際社群關於西藏地位的認定基礎。但這似乎是一個奇怪的矛盾，姑且不論當時的地緣政治情況如何，如果認為一九五〇年後，西藏成為中華人民共和國的一部分是事實，不就等同接受了征服的合法性，以及在脅迫下簽署的協議的有效性。對西藏而言，

4 十七條協議的完整內容可見於International Commission of Jurists, *Question of Tibet*, 139–42; Tsering Shakya, *Dragon in the Land of Snows*, appendix 1。

是因為代表團被脅迫、是因為征服者在國門聚集軍隊的威脅，十七條協議才得以強行通過。

雖然日後北京以歷史上曾擁有西藏的聲明，辯稱其武力入侵的合法性，但顯然，至少對毛澤東而言事實再清楚不過，入侵西藏是使用武力對一個獨立國家所進行的公然的土地掠奪。他視西藏為獨立國家的觀點反映在一段談話中，我聽說，他曾向美國的記者兼作家愛德加・史諾（Edgar Snow）如此說過。他談到在長征期間，紅軍曾經犯下在西藏地區掠奪糧食的罪行，毛澤東說這是中國共產黨唯一舉過的外債，總有一天必須償還。現今從檔案紀錄也可以得知，在一九五〇年一月時，毛澤東曾詢問史達林，在他入侵西藏時，蘇聯是否願意出借運送中國部隊的軍事運輸機給中國。

我曾聽聞，有些地緣政治學者與歷史學家認為，毛澤東在北京建立共產黨政府後立即入侵西藏，主要有兩個動機。其一是毛澤東和他的共產黨同志認為必須恢復中國的「民族榮耀」，特別是在歷經他們所稱的「百年民族恥辱」之後。對他們來說，收回大清帝國曾經擁有的領土是其中相當重要的一環。對此，毛澤東也許會覺得西藏獨立代表的是顯而易見的「損失」或矛盾，畢竟共產中國宣稱對大清帝國的所有領土具有主權。

專家提出的第二個理由和西藏的戰略地理位置有關，西藏的邊界與東土耳其斯坦

（新疆）、印度、尼泊爾、不丹接壤，當然，還有東邊的中國。在一九五四年，比我小三歲的班禪喇嘛和我一起共赴北京，在藏傳佛教中，他的世系也是最重要的轉世體制之一，和達賴喇嘛的世系也有著緊密的聯結。毛澤東告訴他：「現在西藏人和漢人一起合作，我們的國家防線已經不是長江上游，而是喜瑪拉雅山了。」[5]不管他們的動機為何，我們發現自己已經處於共產中國的控制和壓迫之下。

5 毛澤東告訴班禪喇嘛的話引自：Melvyn C. Goldstein, *A History of Modern Tibet*, vol. 2, *The Calm Before the Storm: 1951–1955* (Berkeley: University of California, 2007), 22。漢人是指在中華人民共和國中構成絕大多數的華裔族群。

2 與毛主席會面

我身為達賴喇嘛，有職責盡力減輕我人民所遭受的災難。一九五一年十月二十六日，有接近三千名人民解放軍第十八軍的士兵進入拉薩。不久之後又有一支為數更多的支隊抵達，大量馬匹夾雜湧入，釀成嚴重的食物短缺。一九五一年時，拉薩當地人口數只有三萬出頭，可以想見大批中國軍隊挺進時對這個城市所造成的衝擊。而當好幾千位來自西藏東部的難民抵達拉薩，局勢更是雪上加霜。

一九五一年到一九五九年是我一生中挑戰最為艱鉅的時期之一。一方面，我為了取得最終的拉讓巴格西學位（Geshe Lharam degree）而專心讀書。拉讓巴格西是在格魯派的大型僧院大學中，通過正式學術訓練所取得的最高學位，等同於神學院的博士，我的學位考試最終將於一九五九年二月完成。另一方面，年輕且從未接受過任何相關正式訓練的我，正經歷龐雜的政治學習過程。當我不得不面對錯綜複雜的政治挑戰時，我在佛教哲學與心理學方面所受的嚴格教育，讓身為西藏人民領袖的我，能夠繼續保持理智清明之心，對我有極大的幫助。我邊學邊做的所謂在職教育，意味著我必須處理我的政府與駐守在拉薩、擁兵自重的中國將軍之間所存在的巨大現實歧見。我經常在兩造之間進退兩難，一邊是極度不情願、有時想要對抗的西藏官員，另一邊是日漸嚴厲、態度傲慢的中國將軍。最終，在一九五二年，中國人強迫我的兩位首相（一位在家人及一位出家人）辭職。我做了不再指定這些職位繼任人選的決定，既然他們只會被當成代罪羔羊，還不如由我親自承擔責任比較好。日子一天天過去，拉薩的情勢變得愈來愈緊張。

我也需治理國事，首要任務之一就是改善我們的體制與社會。我成立了一個改革委員會，目的在於促成一個更公平的體制，明確地體察一般老百姓和窮人的需求。自小到大，我從打掃我住處的清潔人員身上聽到許多事情，他們通常也是我的玩伴，跟我說了有關不公正和濫用權勢的問題。但我面臨的來自中國政府的主要障礙，在於他們想要依據自己的體制進行改革，以符合從中國大陸引進的路線。他們或許覺得，如果由西藏人主動發起改革，很有可能會妨礙他們的意圖。

因此，當中國政府於一九五四年邀請我前往北京時，基於試圖改善我人民日益惡化的處境，我覺得那是我僅剩的選項。六月時，我收到鄧小平發給我的電報，他當時是中國領導階層中負責西藏事務的高層要員，邀請我出席一九五四年九月在北京召開的全國人民代表大會的開幕典禮。他們也給班禪喇嘛發了同樣的邀請函。雖然在拉薩的西藏人很擔心我的北京之旅，但是為了我的人民，我決定最好還是親自走一趟。為了減輕他們的恐懼，趁著眾多藏人聚集在我的夏宮羅布林卡舉行宗教儀式時，我安撫他們的不安情緒，並且承諾會在一年之內回來。

時至今日，我還記得當我離開拉薩前往北京的時候，有好多人在哭泣。我聽到一位上了年紀的女士大聲呼喊：「請勿前往！不會有好結果的！」當時拉薩河（Kyichu）上還沒有橋樑，我們必須搭乘傳統的西藏獸皮筏過河，這種獸皮筏是用犛牛皮綳在柳枝框架上做成的。河岸兩邊，眾人失聲痛哭，還有人看似要躍入河中。我之後聽說有人昏厥過去，甚至有人死去。

一九五四年九月四日，班禪喇嘛和我在代表團的陪同之下，終於從西安搭乘火車抵達北京。總理周恩來、副主席朱德，以及其他中國官員到火車站來迎接我們，朱德當時是人民解放軍的總司令，同時也是政治局常委會的委員。幾天後，我和毛澤東第一次見面，他已經六十一歲，而我才十九歲。他看起來溫暖親切，對我展現熱情歡迎。

這次會面還有包括周恩來和劉少奇等其他高層領導人參加，地點在紫禁城附近的皇家園林招待所，這裡其後改建為一座有圍牆的院子，住著政府官員和高階領導人。這次見面的地點壯麗威嚴，無疑地具有帝國遺緒的奢華。年僅十九歲的我和十六歲的班禪喇嘛身處此地，正與毛主席本人進行正式會面，他身邊還有共產中國最高階的領導人陪同。要說我們覺得敬畏，還有些緊張，恐怕只是輕描淡寫。在第一次的會面中，只有毛主席和我發言。毛澤東說，他和中央政府很高興我首次到訪北京，而中國人和西藏人的關係非常重要。他也向我保證，未來中央政府會盡最大的努力協助西藏發展。我則回應毛澤東說，我很高興有機會和他本人及其他中國共產黨的領導人見面。

這次會面大約持續了一小時。當我們離開時，毛澤東和其他領導人陪著我們走出招待所，毛澤東親自為我打開車門。正當我要上車時，毛澤東握著我的手說：「你來到北京就等於回到了自己的家。不管你什麼時候到北京來，你都可以來見我……不要客氣，如果你需要任何東西，可以直接告訴我。」

那次會面讓我對毛澤東留下深刻印象，對於有可能改善發生在西藏的事情，我也信心倍增。跟我一起坐在車裡的是平措汪傑，他是為數不多的西藏共產黨員之一，我待在北京期間，由他擔任我的官方翻譯。對於首次與毛澤東和其他中國領導人的會面能夠順利進行，我感到如釋重負。事實上，我還擁抱了平措汪傑一下，跟他說毛澤東真的不像我以前遇過的人。首次會面成功，也使得我的隨行人員放心，特別是我的首席經師林仁波切，他一直都很擔心我的狀況。平措汪傑真心信奉原始的馬克思共產國際主義，那時的他相信中國共產黨員也懷抱同樣的願景，雖然他後來深感失望。（幾十年之後，當平措汪傑被允許到歐洲訪問時，我有機會透過電話和他通話。我問他：「你夢想的真實社會主義到底怎麼了？」他只是笑了一笑。）

九月十六日，我在第一屆全國人民代表大會上發表演說，說明在中華人民共和國的憲法初稿中特別載明，所有民族都可以依據自身發展的特色，制定他們實施自治的管理條例和個別法規，如此才得以實施完全的自治。當時我被安排擔任中華人民共和國全國人民代表大會常務委員會副委員長。

待在北京的這段時間，我跟毛澤東和其他領導人，包括周恩來和鄧小平，又見了幾次面。也被介紹認識了不少位高權重的國際領袖，包括印度總理賈瓦哈拉爾．尼赫魯（Jawaharlal Nehru）、蘇聯領導人尼基塔．赫魯雪夫（Nikita Khrushchev）、緬甸總理吳努（U Nu）。有空閒的時候，我也會上首席經師林仁波切的課，聽他講解宗喀巴大師的《菩提道次第廣論》中義理艱深的〈勝觀品〉。嚴格說來，我還是個在學的學生，為了拉讓巴格西考試而用功讀書。我在北京期間有些值得回憶的經驗，包括舉行了一次正式的佛教法會，那是為了想修習大威德金剛的人所做的灌頂儀式，傳法的對象是一群修習藏傳佛教的中國佛教徒。我在這次法會的中文翻譯是中國僧人法尊法師，他告訴我，他正著手把一部只現存於中文大藏經的大論典《大毘婆沙論》（*Mahavibhasha*）翻譯成藏文。法尊法師當時已經把生於十四世紀的宗喀巴大師的藏文名著《菩提道次第廣論》翻譯成中文了。

之後，我繼續參加預先安排好的中國境內城市參訪旅遊，例如天津市，去看看共產黨政府如何發展國家的工業。平措汪傑在這次的參訪旅遊中被指定為我的翻譯員，另外還有一位名叫劉格平的共產黨幹部作陪，他是少數民族中的回族人。我遇到許多不同位階的共產黨員，還有一些革命元老，以及許多非常誠懇的共產黨員。很巧的是，其中一位是習仲勳，現任中國領導人習近平的父親，他的個性和藹可親，看起來思想相當開明，我真的喜歡他。（我後來得知，他畢生都很珍惜我當時送給他的一只手錶。）

許多第一代革命分子所展現的使命感和奉獻心、他們努力創造一個更平等的社會的成就，令我深有所感。我得悉許多有關馬克思列寧主義的想法，特別被馬克思經濟理論強調資源平均分配而非只純粹追求利潤所感動。多加照顧弱勢者和工人階級是很好的想法，反對所有剝削，致力實現一個沒有國家邊界的社會，這些都是非常優秀傑出的理念。我在年輕歲月中所接觸到的一切社會主義思想面向，給我留下了深刻的印象，以致於我有時候會說自己是半個佛教徒和半個馬克思主義者。長年思考之後，我發現馬克思主義中所缺乏的正是慈悲心。馬克思主義最大的缺陷就是完全忽略人性價值，且刻意提倡藉由階級鬥爭所產生的仇恨。再者，隨著時間演變，以共產中國為例，馬克思主義似乎被列寧主義所取代，透過黨國來控制人民已經成為主要的目標。

在中國參訪旅遊時，我有個難得的機會，得以跨過邊境進入內蒙古，進行短暫的訪問。[1]鑑於西藏人和蒙古人長久以來親密的宗教心靈連結，這是一次令人感動的經驗。雖然對我而言，中國城市之旅既有教育學習意義又愉快，但是包括我的兩位經師在內，大部分隨行官員對這種安排都完全不感興趣。因此，當宣布未來不再安排參訪時，大家都鬆了一口氣。尤其是我母親，她不喜歡待在中國，特別是對緊湊的觀光行程沒有好感。有一次，她甚至得了嚴重的流感。由於我從參訪行程回到北京的時間已經接近西藏新年，所以我決定主辦一場宴會，邀請毛主席和周恩來、朱德、劉少奇三位中國高層領導人前來參加。他們全都接受了我的邀請，共度一次值得追憶的新年節慶。

1　「內蒙古」指今日中華人民共和國的內蒙古自治區，在歷史上曾經是蒙古的一部分。現今，獨立的蒙古人民共和國包含了大部分曾經被稱為外蒙古的領土。

有一天毛主席未事先通知就到我的住處來看我。在這次會面中，他突然詢問西藏是否有國旗。我有點緊張地回答「有」。然後他說，沒問題，我們可以保留它。毛澤東令人驚訝的回應意味著，至少在當時，他腦中曾經有過中華人民共和國可以擁有多元民族的模式，類似蘇聯的共和國。事實上，我知道毛澤東曾經下令當時駐守在西藏的高層中國官員張經武、張國華和范明等人，要求他們把西藏國旗放在中國五星紅旗旁邊，也要把我的照片和他自己的照片並排在一起。所以在流亡之後，每當有西藏人和國際支持者公開展示我們的國旗，特別是趁我國際旅行之際對我表示歡迎時，我常常會告訴他們，毛澤東本人曾經允許我們保有自己的國旗。今時今日，令人難過的是，西藏國旗在西藏並不合法，若被逮到擁有這面國旗，就會被送進監牢。

離開北京之前，我跟毛澤東見了最後一次面。他看起來心情很愉快，說我可以用電報直接和他聯絡，我應該訓練幾位信得過的西藏人來做這件事。然後他靠近我說：「你有科學頭腦，這非常好。這幾個月以來，我一直在觀察你的思想與行動。你有非常革命性的想法。」他給了我有關管理政事方面極好的務實建議，我把他的意見都記了下來。

會面就快結束時，毛澤東告訴我：「你的態度是很好的。宗教是毒藥。因為和尚和尼姑都必須獨身，所以導致人口減少，而且也會忽視物質的進步。」我全身發抖，但試圖傾身向前，好像要寫些什麼以隱藏我的感覺。我當時就知道，儘管他和我有過那麼多的正面對話，但他卻是佛法的毀滅者。

一九五五年三月，我已著手準備返回拉薩，儘管毛澤東最後針對宗教說了那些令人不安的議論，我依然抱持可以把我的人民從被中國侵占的最壞結果中拯救出來的希望。我認為我到中國訪問的六個月在兩方面產生了助益：首先，我們所面對的真實困境已經清楚擺在我眼前，還有我似乎已經說服了中國的領導人，不要推動他們原先要透過「軍政委員會」直接統治西藏的計畫，我們看似得到了自治的堅定承諾。我在返回西藏途中遇到了派駐在拉薩的中國將軍張國華，他剛好要回北京。我告訴他，前往中國時，我充滿焦慮，回程的此刻卻覺得更有希望和自信，對於與中國合作，生出了一些信心。西藏可以現代化，西藏人民可以留在中華人民共和國內，以某種平等的條件過生活。

在十七條協議的限制內，我竭盡心力尋找可以拯救我的國家和人民的長久措施。我試圖進行某些改革，特別是建立獨立的司法制度，鼓勵提出發展現代教育的計畫方案、興建現代道路。結果證明這是一項無望的任務，遭受駐守在西藏境內的中共軍官與文官持續破壞，西藏人民被壓迫的不滿日益增長，自發性反叛的風險逐日加劇，我的努力處處受到中共的官員與軍隊阻擋。在改革過程中，由我擔任主席的西藏自治區籌備委員會旨在賦予西藏人自治，但這最終只是一場秀，所有實權都握在中國人手中。

在北京獲致的承諾和保證終究是一場空，我發給毛澤東的信函得不到任何回應。其後發生了許多災難、針對西藏人民有諸多無法形容的作為，在此期間，我寫了三次信給毛主席，第三封信確認是被親自送到他手上的。我對毛澤東與中共領導人僅存的所有微小希望都破滅了。在強加給我們的協議中，中國共產黨所做的承諾毫無一點實質意義。

3 到訪印度

我在一九五五年年底收到來自錫金王子殿下的正式邀請函，他以印度瑪哈菩提學會（Maha Bodhi Society）會長的身分，邀請我參加佛誕（Buddha Jayanti）兩千五百年的紀念慶典。最初，駐守在拉薩的人民解放軍高級政委範明力勸我拒絕此次邀請。他認為，以我的身分，王儲的地位不夠高，不足以讓我接受正式邀請。我悄悄送出訊息給設在拉薩的印度駐外使節團，解釋這個狀況，因而接到第二封邀請函，由印度副總統薩瓦帕利·拉達克里希南（Sarvepalli Radhakrishinan）署名邀請。幾個月之後，我得到通知，北京已經同意我前往印度。

動身之前，張經武警告我：「你可得小心，印度有許多反動分子和間諜。如果你想跟他們一起做些什麼，我要你知道，發生在匈牙利和波蘭的事情，也同樣會發生在西藏。」他指的是一九五六年六月波蘭境內爆發的波茲南事件（Poznan protests）的軍事鎮壓，坦克和士兵對抗議的市民開火，還有一九五六年十一月四日，匈牙利人民起義，蘇聯坦克與部隊施以殘酷鎮壓，就發生在我行前幾週而已。儘管他做出上述警告，有機會拜訪印度聖地以及與佛陀生平相關的地方，我兀自興奮不已。

而與此同時，我敏銳地察覺到西藏的情況是愈來愈糟糕了，特別是在拉薩的中國當權者傲慢與好鬥之氣日增。舉例來說，到了一九五六年，中國的口譯人員來見我時，會將手槍藏在外套底下，這是前所未見的。有一天，我還清楚地看到槍口突出外露。拉薩的處境日益惡化，源於眾多人民解放軍出現在拉薩，也因為西藏東部的可怕情勢，逃亡至此的難民人數持續攀高，導致拉薩情勢愈發緊張。像是一九五六年三月，人民解放軍攻擊了西藏東部由第三世達賴喇嘛創建的重要寺院——理塘寺，他們轟炸寺院，殺了幾百個人，並且逮捕了住持。

一九五六年十一月，我終於得以訪問印度，同門師兄班禪師喇嘛也同樣收到正式邀請，與我同行。當時我的大哥塔澤仁波切和二哥嘉樂頓珠都住在西藏境外，他們來到錫金的邊界和我見面。都還沒來得及打招呼，他們劈頭就對我說：「你千萬不可以回去。」他們的急切嚇到了我，基於我先前描述過的西藏狀況，我知道這其來有自。慶典結束之後，我是否應該回到西藏，我自己都深感疑惑。儘管如此，我們還是按照既定行程出發，搭機前往德里，十一月二十五日，我與賈瓦哈拉爾·尼赫魯總理、副總統拉達克里希南以及印度國會議長艾揚格（M. A. Ayyangar）見面。隨後我們又被載到總統官邸與印度總統拉金德拉．普拉薩德（Rajendra Prasad）會面。隔天早上，我的第一個行程就是去聖雄甘地火化處的皇家河壇墓園（Raj Ghat）向甘地致敬，甘地也許是我們這個時代最偉大的人物，他有效地將印度古老的非暴力（*ahimsa*）哲學應用在自英國殖民統治下爭取印度人民自由的政治運動中。就在這個地點，我更加確信，我絕不可能涉入任何暴力行為。

紀念佛誕的正式慶祝儀式在菩提伽耶舉行，對世界各地的佛教徒而言，這是最為神聖的地方。菩提伽耶的大菩提塔標示了佛陀在畢缽羅樹（pipal tree）下得到正等正覺的所在地，其後這棵樹以菩提樹之名廣為人知。今天屹立於此的菩提樹是原本那棵樹的直系後代，由十九世紀時從斯里蘭卡移過來的小樹苗所長成，而小樹苗則源自兩千六百年前，佛陀坐在其下成佛的原初樹木。我在一九六二年出版的自傳中，寫下我首次親眼看見這棵神聖的菩提樹時的感受：

> 每一位虔誠的佛教徒，都會把菩提伽耶看成其宗教文化中最為神聖崇高的遺跡。從很年輕的時候開始，我就已經夢想著這樣的朝拜。現在我佇立在這個聖地，在這個為所

有人類找到解脫之道證得覺悟聖者的跟前。當我站在那裡的時候，宗教的熾熱之情充滿了我的胸懷，使我對我們每個人與生俱來的覺悟智慧與神聖力量影響充滿敬畏之感。

我在紀念典禮的演說致詞中提到印度佛教悠久的歷史、其如何傳播到西藏的過程，還有如我先前所強調的，在這傳承的中心所蘊藏的長久歷史與心靈連結。我特別著重佛陀的非暴力教導，以及這個教導如何對開創新時代世界和平有所貢獻。印度在獨立時採用阿育王法輪作為國徽，此舉象徵該國對佛教提倡的普世價值有著深刻敬仰，對此，我表達了深深的欽佩。當正式的紀念典禮結束後，我藉此機會到中印度的菩提伽耶和鹿野苑附近一些與佛陀生平相關的聖地朝聖，像是位於比哈爾邦的印度最大佛寺那爛陀的遺跡，還有桑吉（Sanchi）佛塔和阿旃陀（Ajanta）石窟等古代佛教名勝古蹟。

尼赫魯總理陪著我參訪王舍城，此地與佛陀有關，對大乘佛教來說尤為神聖，因為佛陀就在此宣講般若經，值得永記於心。正好王舍城有一座專門為七世紀中國遊學僧玄奘建立的紀念館準備正式開幕，周恩來總理本來要代表中國出席，最後卻未能成行，所以我被要求代表中國政府，贈送作為賀禮的捐款支票。參訪佛教聖地帶給我許多愉快且難忘的時刻，有如自圍繞著我和我祖國的密布烏雲中穿透而出的稀有陽光。

我停留在印度期間，有不少住在那裡的傑出藏人來見我，勸我不要回家。他們強烈反對簽署十七條協議。我也和尼赫魯總理有過幾次重要的會面，他當時六十出頭的年紀，擔任印度獨立後的首位總理。趁著第一次和他會面，我鉅細靡遺地述說中國入侵西藏的全盤內情；我們的毫無準備；當我察覺外界竟無一人準備承認我們是獨立國家的正當宣稱時，我得要多麼努力地嘗試應對共產黨。我告訴他，西藏東部已經發生了很多慘事，尤其在理塘寺遭炮轟後，我擔心中國人真的想要永遠摧毀我們的宗教和習俗。我向他解釋，直到我們能以和平的手段贏回自由之前，我想留在印度。

尼赫魯同意我的想法，他也認為和中國人抗爭是沒有用的。然而，他很明確強調，印度無法支持我們。他說我應該返回西藏，試圖和中國人在十七條協議的基礎上合作。當我斷言中國當局已經打破了我對他們的信任，我不再相信協議是可行的，他說他會私下跟中國總理周恩來討論這件事。在我和尼赫魯的一次會面中，他手中真的拿了一份十七條協議的抄本，逐條和我討論內容，說明這份協議如何可以成為實質自主與自治的基礎。尼赫魯敘述了他本人和周恩來談話的內容，特別是關於在中華人民共和國內的西藏自治權，周恩來給了他明確的保證。

此趟印度之行也有機會幾度跟中國總理見面。周恩來那時候快六十歲了，滿臉笑容、充滿魅力，是一個足智多禮之人，簡而言之，聰明過人且能言善道。於十一月分在德里和他初次相會時，我坦承告知我對西藏東部情勢的擔憂，中國官方是如何魯莽行事，特別是砲轟理塘後，無辜的老百姓被殘酷鎮壓和謀殺。我也詢問了周恩來，改革期間，西藏東部康區和東北部安多到底發生了什麼事，竟迫使成千上萬人逃到中部衛藏地區成為難民？

周恩來嚴肅地嘗試消除我的疑慮，承認地方幹部在西藏東部犯下大錯誤，上層領導人也必須負責，他們應該更早一點介入處理才對。他告訴我，除非我的政府認為條件成熟，否則西藏的改革就不會發生。我也跟他分享我的觀察心得，我比較了印度國會和中國共產黨的人民代表大會之間的差異。在印度，國會議員可以自由表達真正的想法，他們認為真有必要時，也會批評政府。在北京，我觀察到絕大多數的人民代表大會成員幾乎都不敢說話。即使他們提出意見，也都是關於措辭上的微調，與內容無涉。周恩來回答，我只出席過北京的第一屆人民代表大會，而第二屆已經有了相當大的改進。周恩來也不厭其煩地與我的兄長、重要閣員見面，其中包括在北京被迫代表我的政府簽下十七條協議的阿沛。

我最後一次在德里和周恩來見面是在他從巴基斯坦回來之後。一九五六年十二月三十日，我收到中國大使館傳來的消息，周恩來已經回到印度，他要見我。我搭火車趕到德里，發現中國大使潘自力已經在火車站等我，並堅持要我乘坐他的車一同前往。在印度禮賓官和保安人員的協助下，我們直接開抵中國大使館，我在那裡和大使、周恩來、賀龍元帥會面。等我的隨從抵達大使館時，我已經在開會了。由於我的隨從並不知道我是否身在大使館，其中有些人甚至懷疑我是不是被綁架了！不知何時，有人拿了一條溫暖的披肩給我，說我的隨從要確保我不會挨寒受凍。後來他們跟我說了他們有多擔心，並且想要讓我知道他們也已經抵達中國大使館。

我必須承認那個會議令我心驚膽戰：總理、元帥、大使，三位經驗老道的中國政治與軍事人員包圍一個沒經驗的西藏年輕僧人。但由於我們身在德里，而非北京，我至少感到安全。我立場堅定地表示，我害怕共產黨有可能在西藏強制實施無法令人接受的改革。當時周恩來應該已經明確地請示過毛澤東，故而重複先前對我說過的消除疑慮的話語，表示他們會處理有關西藏東部過度鎮壓的問題，並延緩改革。他傳達毛澤東的許諾，西藏的共產主義改革計畫至少會推遲六年，在那之後，甚至會交由我決定要不要實施改革。他補充說道，中國政府不會容忍西藏爆發任何武裝起義，還強調我愈早回到拉薩愈好。他最後要我別去噶倫堡（Kalimpong），這是一座靠近西藏邊境的印度鄉鎮，有些流亡印度的西藏人住在裡面的西藏社區。

我當下告訴周恩來，我會考慮他的建議。會面後的隔天早上，賀龍元帥來見我，他重申周恩來勸我返回拉薩的忠告，接著引用一句俗諺：「虎在深山為霸王，落入平陽被犬欺。」他當然是要給我嚴正的警告。

來自各方的壓力累積，讓我不確定我應該回西藏或是留在印度。當然，和我同在的西藏隨員之間也各有看法，互有衝突。也可以看出北京試圖在幕後影響事情的走向。周恩來甚至在尼赫魯的面前承諾，如果印度當下拒絕提供我政治庇護，那麼中國可以遵守所謂的「麥克馬洪線」（McMahon Line）所決定的中印邊境界線。到最後，我瞭解到我得要自己做出是否回西藏的決定。有句西藏的諺語說：「你可以問別人意見，但是要自己做決定。」所以當我再次遇到印度總理尼赫魯時，我告訴他，基於兩個理由，我已經下定決心返回西藏：「一來是因為您的建議，也因為周恩來已經明確地向我和我哥哥做出承諾。」如同後來所證實的，尼赫魯打從心底相信中國的保證，但他過於理想主義，而周恩來不過就是在撒謊。

一九五七年一月，我無視周恩來總理的勸告，從加爾各答出發前往噶倫堡。返家途中，我在錫金首府甘托克（Gantok）稍作停留，得以遇見許多虔誠的佛教徒，並舉行了正式講授佛法的法會和加持儀式，同時在錫金國王的邀請之下，我也在朗傑藏學研究所（Namgyal Institute of Tibetology）的破土開工典禮中立下基石。

我原先只計畫在甘托克停留幾天，但一場嚴重的暴風雪導致乃堆拉隘口（Nathu-la Pass）無法通行，這意味著我開心地在甘托克多困了幾週。我在那裡發了一封正式信函給尼赫魯，邀請他訪問拉薩，藉以回報我待在印度期間，他的慷慨與熱心招待，更重要的是提供機會，請他親身觀察西藏現正發生的種種。儘管尼赫魯接受了我的邀請，中國一開始也沒表示反對，但隨後改變了主意，表示無法保證尼赫魯在西藏的人身安全。我覺得很遺憾，如果他能到訪拉薩，他的建議將令我獲益良多。

即使尼赫魯無法前來首都，但一九五八年九月出訪不丹之後，他終究還是踏上了西藏的土地。他在亞東住了一晚，那正是一九五〇年中國共產黨軍隊自西藏東部入侵時，我所逃往的城鎮。當他們抵達不丹，我們派出西藏高階代表團正式歡迎他和他的女兒英迪拉．甘地（Indira Gandhi）。此次出訪，尼赫魯給了不丹一個堅實的保證——印度樂見不丹繼續作為一個獨立的國家，其人民可以選擇自己想要的生活方式，依據自身意願採行進步的道路。不丹的強鄰印度如何對待他們，同時間，西藏又是如何被我們東邊的強鄰所對待，兩相對照，差異之大，著實難以忽視。

時序鄰近二月底時，天氣終於好轉，道路也可通行，我們穿越乃堆拉隘口，踏上西藏的土地。翻越隘口前的道別令人傷感，特別是我必須跟三哥洛桑桑丹（Losang Samten）分開。在所有的兄弟姊妹中，我倆打小就最為親近，我們共享了從安多到衛藏（西藏中部）為期十星期的旅程；在我正式被認證為達賴喇嘛之後不久，兩人也同時接受年幼學習時經師的教導。洛桑桑丹那時身體不適，覺得自己很虛弱。所以我提議我們可以一起在車子裡坐一會兒。他不停落淚，我也暗自鼻酸。而這一切造成的延遲，激怒了陪同我返回西藏的中國官員。

4 逃離家園

[26] 自甘托克返回拉薩途中，我在多處停留，嘗試安撫同胞，卻只收到愈來愈令人不安的報告。一九五七年四月一日我抵達首都拉薩，馬上知道局勢正逐步失控，這歸因於中國政府的行動，以及我無力發揮任何有意義的影響力。到了仲夏時分，一切昭然若揭，周恩來個人，或代表毛澤東告訴我的每件事都是謊言和矯飾。公開衝突持續在西藏東部康區和東北部安多上演。人民解放軍毫無節制地轟炸更多城鎮，犯下令我難以置信的墮落殘忍暴行，一九五九年經國際法學家委員會確認，這些暴行包括強制絕育、刑求、活體實驗、開膛剖肚、肢解、斬首、火刑、毒打致死、活埋、把人綁在奔馬後拖曳、倒吊，以及其他可怕至極的種種。成千上萬名來自康區和安多的難民紮營在拉薩城外。

[27] 一九五八年到一九五九年初，情況更是雪上加霜。愈來愈多人加入名為「自願護教軍」（*tensung danglang magmi*）的活躍西藏反抗軍，這支遊擊隊由積極幹練的頭人安珠貢布扎西（Adruk Gampo Tashi）所領導，以西藏西南部為基地。為了化解緊張情勢，

我與人民解放軍駐守在拉薩的最高階將軍見了幾次面，其中包括以壞脾氣聞名的中國駐藏軍隊政委譚冠三將軍。經由這些將軍轉達，中國政府堅持西藏政府派遣自己的西藏士兵去對抗西藏游擊隊。派遣西藏軍隊前去對付自己的人民過於匪夷所思，更何況他們是為了保護我們的國土與文化而戰鬥。同時間，我收到美國人傳來的消息，暗示如果我為了反抗運動請求他們的協助，他們願意提供。我身為佛陀的弟子、聖雄甘地非暴力哲學的仰慕者，當然無法想像自己提出這個請求。

我得承認，當時我心中有某種程度是讚賞游擊隊戰士的。他們都是勇敢的西藏人，為了國家以及佛教信仰，甘冒生命危險奮戰。我也知道他們其中有很多人是為了身為達賴喇嘛的我忠誠而戰。我好奇，面對火藥味十足的處境，聖雄甘地會給我什麼建議。他會縱容這裡所發生的暴力嗎？我不相信他會這樣做。務實地說，我堅信以武力對抗中國不只沒有用，甚至會是一種自殺行為。這將給中國軍隊完美的藉口，以最大規模的武力鎮壓西藏人。

與此同時，我正在準備拉讓巴格西的最後一次考試，時間已經排定在一九五九年的大祈願法會。一九五九年二月二十二日，我正式在拉薩大昭寺以辯論的方式應考，那是在永無止盡、充滿挑戰的政治事務中，難得一遇的休息機會。我完成格西考試公開辯論的那一天，也許是我此生最快樂的一天。色拉、哲蚌、甘丹三大寺是格魯派三所最大的佛教大學，位於西藏中部，全都建成於十五世紀初，這是我在這「三大教法之地」歷經一系列辯論之後，迎來的最終高潮。要在西藏大學問寺進行辯論，我感到既興奮又緊張，後來我發現，雖然沒有我那麼嚴重，但那些被選來和我對辯的人也相當緊張。

我完成在拉薩舉行的最終格西考試過後兩星期，國內的危機達到沸點。人民因為我的人身安全，以及中國軍隊部署在拉薩而焦慮不安，導致首都內的情勢一觸即發。當地居民與來自西藏各地的數千名西藏人聚集在一起，加上駐守在城內的眾多人民解放軍士兵，四處充斥著緊張與不安。有許多人覺得不祥的事即將發生。

我原定將於三月十日出席由拉薩中國駐軍舉辦的一場文藝表演，他們卻提出令人擔憂的建議，指示我的侍衛不能同行。消息走漏後，好幾千人聚集在城中，防止我從羅布林卡的住處離開。人群愈聚愈多，人們大喊反中國的口號，還說他們不會讓達賴喇嘛離開。事態迅速失控，演變成一場大規模的人民起義。接下來的幾天中，情勢愈發緊繃與混亂，群眾拒絕解散。十二日，好幾千位西藏婦女占據了街道，聚集在布達拉宮前。她們焚燒中國國旗，還有毛澤東、周恩來、朱德的照片和肖像，喊著如下的口號：「西藏一直都是自由的！西藏是西藏人的！達賴喇嘛萬歲！甘丹頗章（Gaden Phodrang）萬

[28]

歲！」甘丹頗章是達賴喇嘛統治下的西藏政府名稱。隨後不久，婦女抗議的領袖古爾登昆桑（Gurteng Kunsang）及她的同伴們便被行刑隊射殺了。三月十四日，我與大約七十名民選代表見面，我希望這有助於緩和情勢。然而，緊張的氣氛持續升高，聚集的西藏群眾逐日增加。

三月十日到十七日，當我與壞脾氣的譚冠三將軍通信往返期間，中國軍隊留守在軍營中，這也許有助於我爭取多一些時間。我在三月十六日給他寫了最後一封信。或許此時中國軍隊也在等待北京的指示。我們得到的情報顯示，他們正計畫攻擊群眾、砲轟羅布林卡夏宮。我親近的人際圈中，許多人都力勸我認真考慮暫離拉薩一事。但我仍然希望，如果我們能找到方法，安撫因擔心我安危而聚集在外面的民眾，多少還能化解這種緊張情勢，避免爆發立即性的衝突。

十七日下午四點鐘左右，兩發沉重迫擊炮彈恰恰落在羅布林卡北面外，所幸並未造成任何損傷。眾人心下了然，攻擊已經迫在眉睫了。那天稍早，國家神諭乃瓊護法降神了[1]，乃瓊護法力勸我出走，祂說：「離開！離開！晚上就走！」這個指示和我自己所

1　乃瓊（同時也被稱為多傑紮滇）是一位重要的神諭，和達賴喇嘛世系有歷史淵源，乃瓊透過降神在靈媒身上與人溝通。徵詢神諭的意見在藏傳佛教中是相當常見的。

做幾次該留下或離開的占卜結果一致。[2]落下的那兩發迫擊炮彈更明確肯定了國家神諭指示我要做的事——馬上離開。不只我的生命陷入危險，我成千上萬的人民看來無疑地會喪失性命。加上我身旁的每個人都催促著我離開，我決定逃離拉薩。我走向大黑天護法殿，祂是藏傳佛教的重要護法神之一，每當我要踏上長途旅行，都會過去與祂道別。我向護法神像獻上白色的長哈達時，那裡的僧人一定頗為訝異，卻不動神色。隨後，我換下僧袍，穿上在家人的服飾，去到我念經的房間，安靜地坐了一會兒。

我打開放在法座前那張小桌子上的經書，恰好是《般若八千頌》，大乘佛教的神聖經典。隨機翻到某頁，我從頭開始閱讀，一直讀到「要有勇氣和信心」這句話為止。我全身充滿力量，闔上了經書，加持了佛堂，然後關了燈。我隨身帶走的一件寶物是曾屬於第二世達賴喇嘛的老唐卡（一種畫在帆布上的傳統西藏畫，用綢緞裱褙裝框，可以捲成卷軸）。[3]

走出房間時，全然的寂靜籠罩著我，我能感知自己走過的每個步伐、牆上時鐘的每

2 「占卜」（藏文的發音為「莫」）通常指擲骰子並解讀擲骰結果，用以檢測特定行動所致的利弊得失。

3 這幅唐卡畫的是重要的女護法神吉祥天母，自十五世紀起，與第二世達賴喇嘛根敦嘉措有所連結。

聲滴答。我拿了房間外一位護衛的來福槍。於是，三月十七日晚上十點鐘，我把眼鏡放進口袋，走出羅布林卡夏宮，偽裝成肩上背著來福槍的在家人。這經驗真是怪誕。我感到害怕，但有更立即的現實需要擔心：不戴眼鏡走路時，要怎樣才不會絆倒。走出大門之際，我察覺已有一大群人聚集在羅布林卡外面。想到他們，擔心無數無辜西藏人即將面臨的命運，我祈求三寶加持。

我離開後，拉薩的西藏政府繼續正常運作，好像我仍然住在那裡。遠離被人民解放軍逮捕的立即性威脅，就我個人而言，當下最強烈的感受便是鬆了一口氣。除此之外，我敏銳地意識到，我可以自由地說出真實想法、可以公開批評共產中國政府的政策了。自由的感覺是如此鮮明與強烈。這九年以來，不論我人在西藏或北京，在與共產中國合作共事的過程中，我都得小心地字斟句酌，心中總是壓著一塊大石頭。現在我可以呼吸自由的空氣了。

隔天一大早，當我們正要跨越確拉隘口（Chela Pass）時，一位牽馬的嚮導告訴我，這裡是可以看到布達拉宮的最後地點，它如堡壘般、紅白醒目的建築，依著岩石表面的山勢而建，俯視著拉薩。他隨後幫忙調整了我的馬匹方向，好讓我可以看它最後一眼。我心情沉重，告別拉薩，西藏的首都，那是我打四歲起生長的地方。我祈求終有一天能夠重回拉薩。

幾天以後，就在三月二十日，中國軍隊砲轟羅布林卡和群眾，殺死了許多人。人民解放軍在那時已經制定了一個調派良好的攻擊計畫。當我在逃離的路途上，從送信人那裡聽到這個消息時，我為我的人民祈福。沒有人知道到底有多少人被殺死在拉薩，我聽說羅布林卡內外堆了好幾千具屍體。發生在羅布林卡、拉薩、藥王山（拉薩對面的一座丘陵，是西藏醫學院的所在地）和色拉寺，歷時超過兩天的殘酷轟炸簡直是一場大屠殺。

我們往位於山南（Lhoka，西藏南部）的隆子宗（Lhuntse Dzong）前進，該地就在藏印交界的西藏側。我們原先並沒有直接流亡印度的打算，我的想法是在一個安全的地方和中國談判，看看我還能否回去繼續領導西藏政府。然而，當我們得知我逃走後隨即發生的事，以及正在發生的事情，我們已然確信，再也沒有跟中華人民共和國談判的必要了。再者，拉薩的中國當局已經宣告解散西藏政府。

我之後聽說，當毛澤東獲知我已出逃，他回應道：「我們失敗了！」[4] 毛澤東也許

4 Jung Chang and Jon Halliday, *Mao: The Unknown Story* (New York: Alfred A. Knopf, 2005)，第447頁中指出，根據某一消息來源，據說毛澤東發了一份電報給中國將軍譚冠三，命令中國軍隊讓達賴喇嘛逃走，不可以殺了他。他擔心若是殺了達賴喇嘛會激怒全球輿論，特別是印度和亞洲的佛教國家當時是毛澤東想交往的對象。

洞察到，因著我逃出西藏，中國就得面對他們在西藏的權力正當性、存在正當性這兩方面的問題。他是對的，即便是在占領的七十年後，統治正當性依然是中國在西藏所遭遇的最核心問題。

我們在隆子宗稍作休息，盤點評估情勢。回顧自從十七條協議簽署以來超過八年的時間，尤其是於我一九五四年至一九五五年訪問中國、一九五六年至一九五七年訪問印度回來後，儘管我盡了一切努力找尋調適和解之道，但對我而言，一切再清楚不過：那是完全不可能達成的任務。西藏有一句古老的諺語道出藏漢關係的本質：「藏人被他們的期待辜負了，漢人被他們的猜忌辜負了。」

一九五九年三月二十六日，我在隆子宗正式否認十七條協議，並宣示改組我們自己的西藏政府，這才是西藏這個國家唯一合法組成的官方權力機構。有超過千人出席典禮，我的其中一位內閣大臣蘇康在眾人面前大聲朗誦文告。文告開頭就宣示西藏合法政府的組成，正文如下：

> 數千年以來，雪域西藏係由政教合一體制治理的獨立國家，乃是廣為人知之事……除了大國小國之別以外，我們擁有作為世界獨立國家的相同屬性、相同崇高與相同資

格。

正文結尾做出如下呼籲：「一旦人民看見這份詔書，宣告建立一個名為甘丹頗章新國家的好消息時，你應該對你所居地的僧俗二眾廣為宣傳，確定大家都知悉這件事。」由我簽署的西藏獨立政府公告的副本分送到西藏各地，其中一份送給班禪喇嘛。

就在這個時點，據報中國軍隊已在不遠處，因而促成我們越過邊界前往印度的決定。要跟從拉薩一路忠心護送我的西藏士兵、反抗軍戰士們道別是相當艱困的事，他們正準備回去迎戰中國軍隊。我知道有些人此去必死無疑。他們打算回去加入由安珠貢布扎西領導的自願護教軍。我後來得知，作為美國政府防止共產主義在亞洲擴散的整體戰略中的一部分，由貢布扎西領導的西藏反抗運動確實得到美國中央情報局的某些支援，包括其中少數人曾經接受通訊與戰鬥的訓練。

我們決定從隆子宗往印度邊境走。經過兩天的艱難騎行後抵達芒芒（Mangmang），那是進入印度國界前的最後一座西藏村莊。令我欣喜的是，在那裡遇到我先前派去印度徵詢是否願意接待我及隨行人員的官員，他帶來了印度政府願意給予我等政治庇護的好消息。住在芒芒的那一晚，是這許多天以來我首次感到安全，只有一條小徑可以通到這裡，而且這條路徑已經被數百位西藏反抗軍戰士牢牢守住。除非中國軍隊從空中轟炸我們，不然的話，我知道我們是安全的。

但老天對我們沒那麼好，大雨不斷，導致我的帳篷到處漏水，我被迫整晚都得坐著，結果我隔天感冒了。由於我生病了，前往邊境的剩餘路程必須延後兩天。然而我還是病到無法騎馬，當我們終於上路時，我被放在一頭犏牛（犛牛與乳牛的雜交種）的背上，用這種方式離開了祖國的最後一片土地。一九五九年三月三十一日，我們一行人進入印度。自此，我再也不能返回我的祖國。

5 關於地緣政治的省思

[35] 二十五歲的我成了一個身處新國家的難民。如同西藏諺語所言，身為流亡者，我們唯一熟悉的是天與地。在這個時候，想要完整掌握在全球歷史脈絡下，發生在我故鄉西藏的這些事情有何重要意義，是不可能的。可以想見的是，我和我的同胞最先體會到的便是流離異國的震驚。審慎深省完全不是我出逃後首當處理的任務：照料成群匱乏的上萬名難民才是我迫在眉睫的工作，他們在我流亡的這幾個月裡設法跟隨我。此後，憑著時間與後見之明，我才可能就西藏所遭遇的一切究竟有什麼意涵，進行更全面的反思。

我被迫逃離的家鄉西藏是一個內陸國家，南面是高大的喜馬拉雅山脈，再過去就是印度、尼泊爾和不丹，北面是中亞的沙漠，往上就是東土耳其斯坦（新疆）[1]和蒙 [36]

1 雖然在當今國際文獻中，普遍使用新疆（「新的邊疆」之意）來稱呼東土耳其斯坦，但這其實是中國發明的殖民地名稱。維吾爾人稱他們家鄉所在的地理區域為東土耳其斯坦。

古，東面是住著漢人的低地與稻田。我們藏人是廣大西藏高原的住民，是吃糌粑（烤過的青稞粉）的半游牧民族，居住在碧藍天空下的高緯度廣大高原，南臨雄偉的喜馬拉雅山。古籍以「高聳的山峰和純淨的土地」來形容這一片天地，並且追溯「食肉紅臉族的藏人」起源於一隻猿猴與住在岩壁的女妖結合後所生的六個子女。根據這個起源故事，從他們六人繁衍出了西藏民族。我是在抵達拉薩後的孩提時期才首度聽聞這個故事。有一位僧人指著布達拉宮壁畫中的一隻猴子，跟我解釋了這段起源。西藏歷史認定的第一位國王名叫聶赤贊普（Nyatri Tsenpo），自西元前一二七年開始他的統治期。西藏傳統曆算系統將這一年視為西藏王統元年，以此換算，共產中國入侵西藏的一九五〇年則是藏曆的二〇七七年。早期的編年史記載：這個國王自天而降，「自願成為天下眾生之主……在這塊土地的中央，這片大陸的中心，為雪山所圍繞，乃是所有江河的起源處，山岳高聳、土地純淨、國家良善……快馬疾馳興旺繁衍之地。」

因為西藏高原的特殊地理環境，我們通常會稱之為「世界屋脊」（*Zamling sayi yangthok*），歷經千年，藏人發展出適應高海拔環境與生態的獨特生活方式與文化。我們藏人認為七世紀的藏王松贊干布（Songtsen Gampo）是最偉大的國王，讚揚他在位時期完成一系列提升西藏文明的里程碑成就。在他的統治時期，創立了現今藏文的書寫系統，並從印度引進最初的梵文佛教典籍，加以翻譯。這位藏王在西藏高原建立了一套共同的法律體系以及度量衡標準，促進許多農業和工藝的創新。在位時，他也建造了大昭寺與小昭寺這兩座西藏最古老的寺廟，松贊干布國王娶了兩位公主，她們從尼泊爾與中國帶來的兩尊神聖佛像就供奉在其中。當我還小的時候，就知道松贊干布與中國文成公主結婚的古老故事，唐太宗把她嫁給藏王當新娘。我每年夏天都很期待拉薩雪頓節的到來，節慶期間，會在羅布林卡夏宮外的花園表演藏戲。其中就有一齣描述松贊干布迎娶中國公主和尼泊爾尺尊公主的知名戲劇。如同許多長年往來的老鄰居，西藏與中國之間的往來過程也時好時壞，有過和睦友好的時期、冷靜容忍的時期、爭吵不合的時期，也有公開衝突之時。然而，共產中國強勢入侵西藏，標誌著一場西藏人民前所未有的悲慘災難。

回顧過去，我瞭解到西藏及其人民是如何成為歷史悲劇的受害者。和西藏有著歷史淵源的強權大國，在關鍵時期都全神投注在非常特定的路線上。在一九〇三年至一九〇四年間曾經入侵西藏的大英帝國，才剛剛放棄了印度，對南亞與內亞已經缺乏介入的決心。印度在一九四七年八月十五日獨立以後，正處於痛苦難當的印巴分裂創傷中，隨即在當年十月和新分裂建國的巴基斯坦陷入戰火，直至一九四九年一月一日方休。他們不欲和先前戰場的另一位鄰居發生進一步衝突。美國對西藏產生興趣，部分原因是想要阻止共產主義在第二次世界大戰後的擴散，他們最不想看到的就是東歐在戰後立即發生的情況在亞洲重現。事例諸如：一九四六年到一九四九年的中國內戰期間，美國大力支持逐漸戰敗的蔣介石國民政府；在一九五〇年到一九五三年的韓戰中，美國派出地面部隊幫助南韓抵抗北韓共產黨的侵略，後者的支持者是蘇聯和中共。美國對西藏反抗軍的少許支持主要是出於在亞洲遏止共產主義擴散的整體政策考量。

大約同一時期發生在蒙古的狀況，是個非常引人注目的歷史對照。清朝於一九一一年滅亡之際，蒙古所享有的政治地位和西藏極為相似。如同中國國民政府宣稱西藏是其領土的一部分，他們也同樣宣稱擁有蒙古。蒙古和西藏在一九一三年簽署重申彼此是獨立國家的雙邊條約一事絕非巧合。因為蘇聯支持蒙古自中國獨立，隨後於一九四五年舉行獨立公投，強權大國們勸告蔣介石接受投票的結果。最終，雖然領土範圍變小，但蒙古現在是一個獨立國家，並且是聯合國的成員。

西藏就沒那麼幸運了。就某種程度而言，我們需要自我究責。特別是在第一次世界大戰結束後，當世界其他地區逐漸意識到國家地位在全球認知中的重要性，西藏人還把頭埋在沙堆裡。我們在那段時間中犯下重大錯誤。例如，在這段關鍵時期，幾乎沒有主動採取系統性措施，在國際間表達西藏是獨立國家。第十三世達賴喇嘛的改革措施，特別是在教育與國防兩方面，大受各種不同的利益派別與菁英分子阻撓。一九三三年他圓寂之後，本該積極努力參加國際論壇，例如國際聯盟（League of Nations）以及之後成立的聯合國。但致命的是，除了第十三世達賴喇嘛以外，西藏統治菁英絲毫沒有洞察，在二十世紀的新政治現實中，對一個想要享有獨立地位的國家而言，這是不適當的，應當透過一連串國際性作為示意，來證明在世界舞台上，西藏乃是作為諸多主權國家之一而存在。極其不幸的是，當風暴在西藏周邊聚集時，包括我連續兩任的攝政王在內的統治菁英大多忙於政治內訌，我的第一任攝政王熱振仁波切（Reting Rinpoche）於一九四七年死亡時，政爭更是達到頂點。因此，當一九五〇年人民解放軍兵臨城下時，西藏毫無準備，而且一切為時已晚。

當我思及我的前世第十三世達賴喇嘛的政治生涯時，感到這與我自身的業力有顯著的相似性。肇因於外國入侵，他曾被迫流亡兩次：首先是一九〇三年，榮赫鵬（Francis Younghusband）率領英國軍隊入侵西藏，他於一九〇九年返回；之後，一九一〇年，當清朝從東邊攻擊西藏時，他再度流亡。英國當然沒有留在西藏不走，但滿清帝國的意圖極有可能是征服西藏。只是清朝在一九一一年滅亡，最後一位皇帝於一九一二年退位，在拉薩的清朝駐藏大臣投降了。如前所說，就在第十三世達賴喇嘛於一九一三年返回西藏後，他試圖在國際上以具體行動主張西藏獨立，諸如一九一三年和蒙古簽署條約，雙方都宣示相互肯定彼此的獨立地位。當一九五〇年共產中國入侵時，西藏的地位是獨立國家。如果西藏人在那些年間能夠正確解讀徵兆，我們也許可以預見另一場可能發生的入侵。這明確意味著，在一九三三年第十三世達賴喇嘛圓寂後和一九四九年共產中國誕生之間的這段時期，特別是中國陷入不穩定政府與內戰的混亂失序狀態中時，我們錯失了關鍵良機。

其實，在第十三世達賴喇嘛圓寂前不久，他留下了一份非常離奇、帶有預言性質的最後遺囑。我在年輕時就已經讀過這份文件。且讓我大幅引用內文，因為這同時揭露他的先見之明，還有西藏政府無視他明確警告的嚴重程度。他寫道：

我現已五十八歲，很快就不能再為你們效力。每個人都該明悉這個事實，並留意我離世以後，你們將來該當做的事情。在我與我的下一世之間，你們將有一段必須自立自強的時期。

印度與中國是我們的兩大強鄰，二者皆軍力強盛。是故我們必須試圖和這兩國建立穩定的關係。國界附近也有一些保有眾多兵力的小國。有鑑於此，我們亦須擁有一支可確保國家安全，由年輕且訓練有素的士兵所組成的軍隊……如果我們不做好防範，抵禦突然湧現的暴力，則生存之機渺茫。

我們尤其應該捍衛自己，對抗赤色共產黨的暴行，他們正到處散布恐慌、進行破壞，惡劣至極。大半蒙古已遭其蹂躪……他們搶劫、破壞寺院，強迫僧人加入旗下軍隊，否則將就地處死。所到之處，宗教皆遭摧毀……

不消片刻，我們會發現赤色屠戮已抵自家門前。與他們發生正面衝突只是時間問題……

如果發生這種情況，我們必須隨時準備好保衛自己。如若不然，我們的精神和文化傳統將被徹底根除……寺院將被搶劫和破壞，僧侶和比丘尼將被殺害或驅逐，舊日神聖法王的豐功偉業將被消滅，我們所有的文化和修行體制將被迫害、摧毀和遺忘。人民與生俱來的權利和財產將被掠奪，我們會成為如征服者的奴隸那般，像乞丐一樣無助地到處流浪。每個人被迫生活在悲慘之中，極度痛苦與恐懼，度日如年。

當和平與幸福的力量仍與我們同在，當改變現狀的權力仍握在我們手中，我們當盡一切努力，保衛自己對抗這即將發生的災難。在適當的時候可以使用和平的方法，但若情況已不合宜，請勿猶豫，訴諸更為有力的手段。趁現在還有時間，勤勉奮力吧！將來才不致有遺憾。

不幸的是，在第十三世達賴喇嘛圓寂後，攝政王和西藏的領導階層都沒有理解警告的急迫性與嚴重性。幾乎他所提及的每個面向，都被證明是精準正確的。

從更寬廣的全球脈絡思考西藏的悲劇，可以得見極度諷刺的狀況。二戰之後，全世界的帝國主義國家立即放棄各地的殖民地，大家會想到一九四〇年代晚期大英國協與法國在中東終結託管統治，而其中最重要的是印度在一九四七年獨立。當所有帝國主義強權從先前的殖民地撤離之際，中共卻致力於獲取。新建立的共產中國選擇入侵獨立國家西藏，將它變成殖民地。不管怎麼說，用武力把西藏強制納入毛澤東的新中華人民共和國，這不僅只是西藏人的災難，此舉也大有問題，至少對中國而言是如此。因為要把單一中國的國家狀態強加在包含西藏人在內的多元民族之上——每個民族都擁有獨特的語言、文化、歷史，且從未將自己視為中國人——造就了一個長期面臨種族緊張的威脅，需要持續由北京發動殘酷的殖民式征服，本質上就會是相當不穩定的現代國家。

第二個諷刺的狀況，或許可以描述為倫理和道德面向的。一九四八年十二月，聯合國通過了世界人權宣言，這份根本文件規範了現代世界的文明社會必須對待本國公民及其他國家國民的基礎。一九七六年，該宣言獲得法律基礎，成為公民權與政治權的國際公約，二〇二二年再獲重申。然而中共卻反其道而行。幾乎在世界人權宣言通過後不久，中國便對西藏人民的人權展開了超過七十年的系統性迫害。

大約在聯合國通過世界人權宣言五十週年紀念左右，由共產中國為首的少數國家主張，由於文化、社會、經濟有所不同，世界人權宣言中所制定的人權標準並不真正具有普世性，無法適用於亞洲。他們認為普世人權的觀念需要重新審視，以順應他們的「亞洲價值觀」。我表明我不認同這個觀點，並且提出反駁，主張如果文化或傳統習俗的任一部分與基本人權產生衝突，要修改的是傳統習俗，而非反向而行。我相信多數亞洲人都會同意我的看法。

坦白說，我認為亞洲人多少有點不看重基本人權，像是個人的自由與尊嚴，或者說他們覺得不需要基本人權，這是一種不尊重亞洲人的態度。不論如何，企圖淡化人類歷史上具有影響力的文件精神，我為此感到擔憂，我一再論證基本人權確實是普世通行的，因為這關乎所有人類渴求自由、平等與尊嚴的本性，以及實踐這些本性的權利。這跟身為西方人或東方人、南方人或北方人一點關係也沒有。我深信世界人權宣言中所建立的基本原則就有如自然法則一般，所有民族與政府都應當遵守。

對西藏及其人民而言，被征服的代價是如此顯而易見。至於對這個區域所造成的地緣政治影響，值得更廣泛地思考。首先，有史以來第一遭，全球人口最多的兩個國家之間有了必須漸增武裝的漫長邊界。在中共入侵西藏之前，只有印藏邊界，並無所謂的中印邊界。一九五〇年十一月七日，印度副總理薩達爾・瓦拉巴伊・帕特爾（Sardar Vallabhbhai Patel）在即將去世之前寫信給總理尼赫魯，哀嘆「中國幾乎已經擴張到我們的大門口了。過往我們不太需要擔心東北邊境，喜馬拉雅山一直被視為不可突破的屏障，抵禦自北而來的所有威脅。友善的西藏從未給我們帶來麻煩」。

如同帕特爾所擔心的，一九六二年發生了中印戰爭，隨後在一九六七年又有另一次衝突。帕特爾更像是現實主義者與實用主義者；相較之下，尼赫魯則傾向理想主義且心懷願景。後者擔心在北大西洋公約組織（North Atlantic Treaty Organization）與華沙公約（Warsar Pact）作用之下，世界會變得太過兩極分化，也擔心南北在經濟上的重大差距。他期望不結盟國家之間能協調合作，印度與中國因而在一九五四年簽署了和平共處五項原則（Panchasheel Agreement），提出一份尊重彼此領土完整、不相互攻擊、不介入彼此內政、平等互惠、和平共存的計畫。簡而言之，入侵與武力占領西藏已經在西藏高原製造了長期的不穩定，影響擴及過去以來依賴北方邊界和平的許多國家，像是印度、尼泊爾、不丹和緬甸。基於關心亞洲的和平與穩定，於一九八七年九月，我在「五點和平計畫」（Five Point Peace Plan）中提議，將西藏高原轉變為介於亞洲兩個最大軍事強權之間的去軍事化緩衝區。

從生態環境而言，西藏高原孕育了許多亞洲大河的源頭，包括往南流的雅魯藏布江（Brahmaputra）和獅泉河（Indus），以及向東流的湄公河（Dzachu）、黃河（Machu）與長江（Drichu）。中共占據西藏，對這些河流的生態系統健康產生毀滅性的影響，帶給亞洲許多國家重大的環境後果。未來，除非能確保這些大河源頭的守護之責，否則在取用水資源上可能造成嚴重衝突，因為對印度、巴基斯坦、孟加拉、緬甸、寮國、泰國、越南和柬埔寨等國上億人口的生存而言，水資源是不可或缺的。有一些環境科學專家把西藏高原稱為北極與南極之外的「第三極」，理由之一是西藏高原是最大的淡水儲存庫。除此之外，高原的生態系統在調節整個南亞的季風上扮演了關鍵的角色。

中國在西藏高原大量砍伐森林，特別是在一九八〇年代積極開伐，舉例來說，根據報導，西藏東都康區有超過半數以上的森林被夷平。環保人士非常關心在高原上進行如此廣泛的森林砍伐所造成的長期負面衝擊，特別是關係到氣溫上升，以及低窪地區在季風時節引發的水災問題。這與氣候變遷有關，許多年前，有一位環境科學家告訴我，基於西藏高原的高海拔與乾燥氣候，任何對高原造成的生態破壞，都得花上更久的時間才能恢復。這一位科學家也告訴我，西藏遼闊寬廣的北部羌塘高原，能夠不吸收而且反射陽光，在降溫方面扮演重要的角色。

其中最令人擔心的事情，就是建造超級大壩，像是靠近不丹邊界山南地區的羊卓雍措湖那座大水壩和藏木水電站。現今我們從環境科學得知，地震與在高海拔西藏高原興壩有關，現已知這個區域是世界上地震最為活躍的地區之一。西藏高原也以豐富的礦藏聞名。根據中國自身的地質調查部門資料，據知西藏高原有三千萬到四千萬噸的銅存量，有超過四千萬頓的鋅存量，有幾十億噸的鐵，特別是包含大量的稀有金屬，像是鋰與鈾。西藏的中文字面意義就是「西邊的藏寶庫」。如果要在西藏高原採礦，就必須依據對環境衝擊的最高敏感度加以進行。若粗心馬虎、以器械或商業方式開採，最終會導致長遠的後果，其影響會遠遠超出西藏高原以外的地區。

最後，在西藏高原的不同地區，牧民被大規模地強制遷離傳統遊牧草地。自古以來，西藏遊牧族群就一直住在包括草地在內的開闊平原，並且和環境發展出一套共生關係，他們生存在這片廣大開放空間早已成為照顧這個生態系統的最佳方式。遷移這些傳統遊牧族群不僅對牧民帶來毀滅性衝擊，也在環境中創造新的失衡循環。

因為西藏人與中國人同樣關切生態系統的健全，我曾經希望在保護西藏脆弱的環境上，能夠看到系統性、持續性的共同努力。如果中國當局可以容許環境科學家，特別是中國科學家，與最瞭解他們環境的當地西藏人攜手合作，就有可能創造一種有效方式，降低高原上不必要的生態損害。我聽說有一位在西藏居住多年的著名中國環境科學家曾經評論說，在宗教傳統最強盛的地方，環境都被保護得很好，這是我們應當靜下來好好思考的事情。

從古至今，我們的文化與宗教修行都強調要跟大自然和諧共存，包括動植物在內的西藏自然環境，從未受害於廣大高原上人類住民親手做出過度的傷害。令人非常擔心的是現在有很多的報導提到，中共在西藏高原的高海拔區域設置了核子導彈。先不管這對區域及國際穩定的可能影響，核外洩或操作失誤的風險，會對脆弱生態帶來的致命威脅。如果河水被污染了，對千百萬依賴這些河流生活的生命所形成的破壞性影響，將是無法估計的。

當你把所有議題相提並論——軍事化西藏高原，包括部署核子武器；在超過三千公里、其中某些關鍵地區仍爭執不休的邊界上，兩支亞洲最大規模軍隊為尋求安全而日益升高對峙；因砍伐森林與大量採礦而導致高原生態遭破壞，還有千百萬人生存所依的亞洲大河不可預期的源頭管理——西藏遭入侵無疑是個悲劇，不只對西藏人而言是如此，對全人類亦然。這是史無前例的慘況，其毀滅性惡果將會繼續迴響好幾個世紀。

倘若西藏可以保有自由，這些地緣政治和生態問題都將不存在。這真理再簡單不過了。

6 被摧毀的家園、流亡後的重建

[47] 一九五九年三月三十一日，印度標準時間下午三點左右，我們一行人抵達臨近達旺（Tawang）的印度邊境村落肯澤瑪涅（Kenzamane）。雙腳踏上印度的剎那，我如釋重負。已被艱辛旅程折磨到精疲力盡的一行約八十人，絲毫不在意自己落魄的模樣被戍守邊界的少數印度士兵瞧見。我的母親還說，我們再不必害怕中國人，終於可以暢所欲言。顯然她心裡也一直背負重擔、謹言慎行。

我們受到當地人民的熱烈歡迎，印度總理尼赫魯也發了一封親切誠懇的電報：

[48] 我的同僚與我歡迎您安全抵達印度，並致上問候之意。我們樂於為您、您的家人與隨從提供在印度居住的必要協助。對您尊崇至深的印度人民一定會依照傳統向您致以敬意。

謹致問候。尼赫魯

代表印度政府正式接待我們的是舊識梅農先生（P. N. Menon），他是先前派駐在拉薩印度代表團的印度外交部官員。另一位熟人卡吉索南妥嘉（Kazi Sonam Topgyal）也在那裡等候，我於一九五六至一九五七年訪問印度時，正是他擔任我的翻譯。我們從印度邊界前往達旺鎮，當時此地被稱為東北邊境特區（NEFA），即今日的阿魯納恰爾邦（Arunachal Pradesh）。四月十八日，我搭乘吉普車抵達有國際媒體聚集等候的泰茲普爾鎮（Tezpur）。在火車站得知已收到好幾千封祝福的電報時，我不禁深受感動。約一百位來自世界各地的新聞記者與攝影師，前來報導他們所稱的「年度大事」。我利用這個機會向全世界發表一份聲明，完整敘述促使我逃亡的種種，包括在拉薩發生的人民自發性起義、長久以來以和平方式尋求與中國共產黨的和解。我此行來到印度，是為了反對中共占領我的國家，並向全世界的自由國家求助。我總結道，我殷切期盼發生在西藏的危機可以盡快結束，不要再有更多的流血事件。兩天後，北京發表一份聲明，堅持主張「所謂達賴喇嘛的聲明……是一份粗鄙無禮的文件，理由薄弱、謊話連篇、漏洞百出」，接著持續宣稱我是被拉薩的反叛分子所挾持！

印度國會的下議院（Lok Sabha）就北方的古老鄰居西藏才剛發生的事情展開熱烈辯論。元老政治家和自由鬥士賈雅・普拉卡什・納拉亞納（Jaya Prakash Narayan）所言道出了當時多位印度領袖的挫折與道德困境：

> 沒有人會要求印度為了西藏和中國宣戰。但是每一位正人君子、每一位熱愛自由的人，都應該挺身直言。對侵略行動含糊帶過，並不能達致和平。我們確實無法防止中國併吞西藏、鎮壓愛好和平與勇敢的人民，但至少我們可以明確記錄：侵略行動已然發生，一個弱小國家的自由已被鄰近的強國所扼殺。讓我們毫不猶豫地撕下共產主義的面紗，在它溫和的和平共處五項原則的外表之下，隱藏著帝國主義野蠻的面容。我們在此時看見一種新的帝國主義在西藏境內運行，這比舊帝國主義要危險很多，因為它是假借所謂的革命意識形態大步前進。

我們從泰茲普爾出發前往穆索里（Mussoorie），一處位於德里北方山麓、英國時期的美麗避暑勝地。每一個火車主要停靠站都有好幾千名印度人前來歡迎我，大聲呼喊「向達賴喇嘛致敬」（*Dalai Lama ki Jai*）、「達賴喇嘛長久住世」（*Dalai Lama Zindabad*）。印度政府在穆索里設立了我流亡中的第一個住處。四月二十四日，尼赫魯親臨此地與我會面、歡迎我來到印度。我們交談了超過四小時。由於尼赫魯是在一九五七年力勸我返回拉薩最有力的聲音之一，我向他報告，儘管我已盡力試圖依據十七條協議，公平、坦誠地應對中國人，但他們卻是無法共事合作的。一九五九年六月二十日，我首次召開正式的記者會，宣告西藏一直是個獨立國家，不管對內或對外都享有且行使主權，然而透過入侵西藏一事，中共軍隊已經明目張膽地犯下侵略行為。任何一位立場客觀的人都會同意此說。我在記者會上表示，不論如何，既然中方已經違反了協議的關鍵條件，協議實際上已經無效了。倘若其中一方違反協議，則另一方就可以合法地拒絕履行，如此一來，條約就不再具有強制力。我也表明，就各地的西藏人而言，我的內閣與我所在的地方，就是西藏合法的政府所在之處。

在我出逃之後，成千上萬名西藏人也設法追隨我而踏上流亡之途。在西藏故土，壓迫的程度變得難以忍受。聆聽那些新抵達的人所講述的遭遇，面對我的人民與他們為之而活的一切被摧毀殆盡，流亡中的我全心投入我唯一能做的事：提醒這個世界西藏已經發生與正在發生的事、照顧那些隨我出逃到自由世界的西藏人。我們從難民的敘述中所聽到的一切，以及其他更多的情況，都經名為《西藏問題與法治》（*The Question of Tibet and the Rule of Law*）關於西藏現況的報告所證實，這份報告是由國際法學家委員會的法律調查小組於一九五九年七月在日內瓦所發表。因其係由不受任何政府或政黨利益所控管的獨立司法機構所委託與執行，故而更具份量，是完全公正的。這份報告做出如下結論：「至少證據表面上明確指向中華人民共和國觸犯種族滅絕罪案件」，以及「種族滅絕罪是國際法中所知最嚴重的罪行」。一九四八年的《防止及懲治危害種族罪公約》譴責「蓄意全部或局部消滅某一民族、人種、種族或是宗教團體的行為」。由國際法學家委員會於一九六〇年出版的第二份報告《西藏與中華人民共和國》（*Tibet and Chinese People's Republic*）提到：「委員會發現，為了消滅作為一宗教群體的西藏人，在西藏發生了種族滅絕行為，即使這些行為未受任何公約約束，確實就是種族滅絕行為。」

一九五九年九月四日，我前往德里進行一次重要的訪問。除了和尼赫魯總理及其他重要領袖，特別是印度總統、副總統有幾次關鍵性的會面外，我也見了各國大使。就我個人而言，這次訪問最令人感動的，是在印度西藏兄弟會（India Tibet Fraternity, Bharat Tibet Sangha）的安排之下，我和好幾千位印度人共聚一堂，這個團體的主席是阿耆黎克里帕拉尼（Acharya Kripalani），他是著名的聖雄甘地追隨者與社會行動家（直到一九八二年逝世前，阿耆黎一直都是西藏事業堅定的支持者與親近好友）。

我現已落腳在一個自由國家，開始就向聯合國大會提出西藏案例一事，徵詢國際專家的意見。一九五九年九月，我自德里寫信給聯合國的祕書長道格・哈瑪紹先生（Dag Hammarskold）：「有鑑於發生在西藏人身上的不人道對待與違反人性與宗教的罪行，我請求聯合國進行立即性的干預。」一九五九年十月二十一日，聯合國大會通過由愛爾蘭和馬來西亞所提出的決議案，稱「為了尊重西藏人民的基本人權及其獨特的文化與宗教生活」，並且認可「西藏人民的基本人權和自由與其他所有人類相同，應無差別地被賦予包括公民權與宗教自由在內的所有權利」。我繼續向聯合國祕書長和許多國家提出申訴，更新西藏境內日益惡化的情勢。值得一提的是，美國政府於一九六〇年宣示支持西藏的自決權。事實上，我收到國務卿克里斯提安・赫特（Christian A. Herter）寫給我的兩封信，第一封在一九六〇年二月，第二封在同年十月，他向我保證，美國的立場不變──「自決的原則應適用於西藏人民，他們應有權決定自己的政治命運」。一九六一年，聯合國大會的第十六次會期通過了由馬來西亞、愛爾蘭、薩爾瓦多和泰國共同提出的進一步決議。這個決議鄭重重申聯合國「要求停止剝奪西藏人民基本人權與自由，包括自決權在內的作為」。一九六五年十二月十八日，聯合國在全體會議上又通過另一份有關西藏的決議，再一次認可先前的決議，以及聯合國大會嚴正關切「持續違反人民基本權利與自由」一事。

一九六〇年一月，我趁機造訪菩提迦耶與鹿野苑，分別參拜有聖菩提樹的摩訶菩提寺以及佛陀初轉法輪之處，這次，我的心境更為平靜（我上次造訪佛教聖地菩提迦耶是在一九五六年，全部心思都圍繞在該返回西藏或於印度尋求政治庇護）。在靠近瓦拉那西的鹿野苑，我第一次主持為僧人授予比丘戒的儀式。依據傳統，主持授具足戒的僧人必須持具足戒超過十年，即使是擁有特殊資格者，也得持戒五年以上。我的兩位上師認為我符合資格，應當在佛陀初轉法輪處舉行我首次為他人授比丘戒的儀式。我當時二十六歲，身為一個珍視比丘身分的人，這既是一種深刻的榮譽，同時也是順心愉快之事。我深覺我是如此幸運，能夠在佛陀證得無上正等正覺之後，第一次公開教導佛法的初轉法輪之處執行授予比丘戒律的典禮。在鹿野苑受戒的比丘之中，有位名叫扎雅仁波切（Dagyab Rinpoche）的格魯派高階轉世喇嘛。

我在菩提迦耶也舉行了授戒典禮，其中一位受具足戒的僧人是顙東仁波切（Samdhong Rinpoche），他後來成為西藏流亡社群的第一位民選政治領袖。一九六〇年一月，我們在菩提迦耶也成功召開了第一次自由世界西藏人民集會。主要參與者包括：衛藏、康區和安多三區的代表；藏傳佛教主要教派的長老；大寺院的住持；來自印度各地的代表團。為了我的身心健康，他們聚集於此地，舉辦一場長壽法會。在這個典禮中，他們代表流亡藏人，全都宣示了「團結大誓言」（*Na-gan Thunmoche*）。在場者發誓，今後將致力於團結西藏三區的所有西藏人，在達賴喇嘛的領導下，承擔起為西藏共同福祉努力的責任。也就在菩提迦耶，我們決定，為了西藏的未來，也為了西藏流亡社群，我們將努力建立代議制政府。

返回穆索里後，我們把一九五九年三月十日定為第一個西藏人民全國抗暴起義紀念日。就這樣，我們開始了在每年三月十日發表對西藏人民重要講話的傳統，悼念這個悲慘的日子。在第一次週年紀念日，我強調我們需要以長遠角度看待西藏的局勢。流亡在自由國家的我們，首要任務就是確保文明的存續，特別是要保護自己獨特的語言與文化傳統。我向我的人民保證，真理、正義和勇氣將成為我們的武器，爭取自由的抗爭終將獲勝。停留在穆索里期間，我們開始制定教育年輕世代的計畫。最終在印度成立了第一所西藏學校，起初有五十名成年學生。在一年內，我們得以將第一批學員中的某些學生送到印度各地，包括像是昆布村等位於尼泊爾邊境的偏遠地區，去教導西藏難民的小孩，英語也是教學內容之一。

一九六〇年四月三十日，我抵達達蘭薩拉（Dharamsala），這裡成為我流亡的長居處。我們在那裡重建了實質的西藏流亡政府，當時稱之為藏人中央祕書處（Central

Tibetan Secretariat），其後改名為藏人行政中央（Central Tibetan Administration）。在幕僚的幫助下，我發起一套雙管齊下的策略。第一要務是，照料超過八萬西藏難民的立即性需求後，我們需要為西藏人重新建立安置點，才得以在流亡中保存我們的文化與認同。其次是必須聯繫各國政府、聯合國以及協助解決西藏問題的國際社群。這個策略的重點在於吸引國際注意力，關切西藏人民的困境以及中國對我們國家不義的占領行徑。在那時，我抱持的希望與努力是朝向恢復西藏獨立為終極目標。

一九六一年三月十日，我在達蘭薩拉的新住處發表談話，承諾起草一份我心中所想的國家憲法與經濟結構草案，並會盡快提交給印度與鄰近國家的西藏人代表，供他們審議。自從我一九五六年首次訪問印度，親眼目睹民主的實踐，並和我在北京的所見所聞相較之後，我已深信民主政治是最合宜的治理形式。因此，若我生活在自由國家，則要努力推動西藏政治體系的民主化進程。我和官員耗費兩年時間，持續徵詢不同的專家，研究自由世界的多部憲法，同時也進行了多次內部討論，最終確定草案，在一九六三年三月十日宣布。這部憲法期望西藏未來能成為「一個以佛陀所倡導的原則為根基的單一民主國家」。主要條款包含獨立的司法審判、由選舉產生的國會、禁止「任何基於性別、種族、語言、宗教、社會出身、財產、出身或其他地位的歧視」，還享有「思想、良知與宗教自由的權利」。明文規定，經國會三分之二多數同意，得以廢止達賴喇嘛政權的第三十六條e項條文亦含括在內。經過多年，這份文件已經被修正成完善的民主制度模式，用於規範西藏人民，至少在流亡社區中是如此。

最值得一提的是，一九六三年十一月，在我達蘭薩拉的住處召開了第一次所有藏傳佛教教派代表的高峰會，除了各個法脈的領袖、資深年長喇嘛、轉世仁波切、格西和學者之外，西藏資深的行政官員也參加了。這四天的會議為多元的藏傳佛教教派之間，奠定了強烈的團結意識，同時也鼓勵合作保存西藏豐富的宗教傳統。

在我流亡的早期時日，尼赫魯總理和我討論的重要議題之一即是難民的兒童教育。尼赫魯強調，為了保存西藏文化與認同，有必要單獨為西藏人建立學校。因此他著手在印度教育部內成立一個自主機構，由印度政府負擔開銷。再者，尼赫魯建議，雖然讓孩子們擁有自己的歷史知識與文化是非常重要的，但也不可不熟悉現代世界，因此我們使用英文作為教育媒介。從而誕生了藏人中央學校（CST）網絡，培育接受現代教育的年輕藏人世代。

六〇年代，我們於流亡中重建了許多在西藏歷史上重要的文化與宗教機構，特別是隸屬於藏傳佛教主要教派的佛寺與僧院大學。在達蘭薩拉創設的新機構有大乘法苑

（Thekchen Choeling Temple）、西藏兒童村（TCV）、西藏醫藥與曆算學院、西藏表演藝術學院（TIPA）和西藏檔案文獻圖書館。在這個至關重要的十年中，許多難民找到了在高海拔山區辛苦築路的工作。我親自參訪某些築路工程的所在地，鼓勵、安慰從事艱辛勞動的藏人。我造訪北印度恰姆巴（Chamba）一處築路營地時，發生了一件不尋常但令人難忘的經歷。在築路工人中，有為數甚多的僧人，我到訪當天恰逢每月兩次的誦戒布薩日，便由我帶領僧人進行儀式。由於僧人只有褲子和襯衫，他們別無選擇，只能穿著在家人的服裝參加。我瞭解到受僱從事築路工作只是暫時性的，我應當盡力為難民們找尋更長期穩定的生計。多虧一些印度邦的慷慨幫忙，我們在一九六〇年代和一九七〇年代初期得以建立超過二十處的藏人定居點，大多在南印度。透過這種方式，確保即使是在流亡之中，我們仍然可以作為一個獨特的社群生活，保存自有的語言與文化。我們同時也受惠於許多國際援助機構與非政府組織的慷慨支持。有兩個國家提供好幾百位西藏難民政治庇護，分別是一九六〇年代初期的瑞士、一九七〇年代的加拿大。我們同時也送了許多西藏小孩和年輕人去英國、法國、德國、瑞士、瑞典、丹麥、挪威、伊朗與日本接受教育，其中許多人學成之後回到流亡政府擔任不同的職務。這段時期，我們跟中華人民共和國沒有接觸，主要是因為西藏和中國內地一樣，都處於文化大革命的混亂時期。

令人遺憾的是，一九六四年五月二十七日，尼赫魯總理逝世了。自從一九五四年我在北京遇到他、首次印度之旅、流亡印度以來，在我所有的國際政治往來中，他的身影始終存在，並一直大力、慷慨支持西藏難民的種種新措施。他的繼任者拉爾・巴哈杜爾・夏斯特里（Lal Bahadur Shastri）總理延續其支持西藏流亡社群的政策，建立了印度政府支持印度境內西藏人的長久立場。夏斯特里在對中關係上採取更加堅定的態度，這點在印度支持一九六五年有關西藏的聯合國決議案一事上可見一斑。一九六六年，夏斯特里總理於訪問烏茲別克的塔什干時不幸逝世。繼任他成為總理的是尼赫魯的女兒英迪拉・甘地（Indira Gandhi），我之所以認識她，是因為與她父親有著長久的友誼。英迪拉相當瞭解西藏的狀況與在印度的西藏難民；事實上，她曾經擔任設在穆索里的西藏兒童之家基金會董事。

與此同時，西藏境內的情況依然慘重且嚴峻。我出走所引發的回應是殘酷的，鎮壓是駭人的，人民好似因為我的逃離而遭受懲罰。關於這段期間所發生的種種，最具影響力的記述是一九六二年班禪喇嘛用中文寫成的《七萬言書》，毛澤東形容這是「一支射向黨心臟的毒箭」。這封遞交給中國總理周恩來的請願書在多年以後才為外界所知，全名是《敬呈周總理關於西藏總的情況和具體情況以及西藏為主的藏族各地區的甘苦和今後希望要求的報告》。與我不同，班禪喇嘛留在被占領的西藏境內，待在他位於日喀則的本寺札什倫布寺。在遊歷西藏各地之後，他寫道：

> 由於諸如此類的許多缺點錯誤，不僅使農牧業生產受到嚴重的損害和破壞……由於這種藏族歷史上從來沒有過的、人們做夢也想不到會有如此嚴重的饑餓之痛苦，人民群眾抵抗不住這種殘酷地折磨，群眾的體質日益衰弱。所以一些地方感冒等一些小小的傳染病就會使達到百分之數的人輕易地成批死亡，有些地方也有不少人因為斷了糧而被直接餓死，因此有些地方，也有些全家人死光的現象……
>
> 不論男女老幼，一見我就想起了這一個時期以來的痛苦，情不自禁地流出眼淚，他們中的一些大膽的人，流淚哀呼：「勿使眾生饑餓！勿使佛教滅亡！勿使我雪域之人滅絕！為祝為禱！」這是從現在藏族地區實際發生的痛苦和實際存在的情況中產生的廣大僧俗人民群眾的言簡意賅而又深刻的比渴而思水還要迫切的希望。

班禪喇嘛在請願書中提出的關鍵憂慮之一，與在中華人民共和國之內保護西藏民族與文化認同有關。這個憂慮顯然來自於對大漢沙文主義的畏懼。[1]他寫道：

> 一旦民族的語文、服飾、和習慣等主要特點消失了，那麼那個民族也就消失了。

有關宗教的迫害，班禪喇嘛表示：

> 民主改革前西藏有大、中、小寺廟兩千五百餘座，而民改後由政府留下來的僅只有七十多座，減少了百分之九十七多……全西藏過去僧尼總數約有十一萬多人……民主改革結束後，住寺僧尼權且算作有七千人，也減少了百分之九十三。

在最殘酷的極權主義壓迫下，班禪喇嘛還能做如是書寫，他的勇氣值得我們深深讚揚。請願書是基於他走訪安多等諸多西藏地區，以及東土耳其斯坦（新疆）的見聞而寫

1　班禪喇嘛在此提到的「大漢沙文主義」意識形態是指，在中華人民共和國之中，漢民族比其他民族更為優越，其他文化必須被同化為漢文化，這是毛澤東明確要攻擊的意識形態。

成。就他個人而言，他付出了慘痛的代價。而我最可怕的惡夢——一九五九年三月西藏人民起義以及我出逃之後可能發生的情況——在這份請願書中得到證實。班禪喇嘛在一九六四年被宣告為西藏人民的敵人，在之後成為文化大革命的特定手法被稱為「批鬥大會」[2]的儀式中被公開羞辱。他被捕入獄，關禁到一九七七年，並被軟禁直至一九七九年。

被釋放後，班禪喇嘛代表西藏人民強力發言，批評中國的西藏政策。一九八七年三月，他在北京舉行的全國人民代表大會西藏自治區常務代表分組會議中直言不諱，批評中共在西藏所執行的政策，其中特別提及語言政策和大漢沙文主義。我衷心緬懷這位英雄人物，他在西藏最黑暗的時刻挺身而出，保護西藏人民，尤其從一九七九年被釋放之後，一直到一九八九年一月他可疑驟逝的這段期間。

在他圓寂前五天，我得知他發表了以下聲明：

> 自從解放以後，當然有一些發展，但是為了發展付出的代價遠超所獲。

2　「批鬥大會」（藏文為 thamzing）是一種公開的羞辱儀式，被批鬥的人會被戴上高帽子，並低頭接受「普通」民眾的侮辱、叫喊和吐痰。

[60]

我有幸在他離開中國的旅行期間和他通電話，得以親自向他表達感謝與讚揚。班禪喇嘛比我小三歲，一九五四至一九五五年到中國、一九五六至一九五七年到印度，這兩段旅程他都與我同行。班禪喇嘛素來不願意多花心思在外交細節上，對他而言，真正重要的是誠實與正直。這麼多年以來，中共試圖以分而治之的舊殖民統治原則，在我們兩人之間製造矛盾引發衝突。而即使我們長年沒有聯繫，當我致力於讓外界知曉西藏的命運時，他則以無比的勇氣，向身為壓迫者的領導人直陳真相。

班禪喇嘛的《七萬言書》描述的是文化大革命之前的狀況，文革則是由毛澤東於一九六六年五月發動，持續到一九七六年他死亡時才停止。在這動盪的十年間，全中國都蒙受極大的痛苦，對西藏而言，那更是一段恐怖的時光。文革從紅衛兵大批湧入拉薩的大昭寺開始，以破「四舊」之名，即舊思想、舊文化、舊習慣和舊風俗，摧毀古老的壁畫和佛像、在寺院中庭焚燒經書。如同我在一九六七年三月十日的講話中提到，被摧毀的無數佛像中，有一尊在七世紀時製作的觀世音菩薩，是西藏人認為最神聖的聖像之一。破壞行動擴展到羅布林卡，橫掃整座城市，最後，敵對派系之間的街頭巷戰在拉薩與其他城市中上演。

在這段混亂的時期裡，不只成千上萬人喪生，還有無數的歷史古蹟被毀，像是一四〇九年西藏大論師聖者宗喀巴所創建的甘丹寺。基本上，只要與西藏有關，都會遭受攻擊：修行佛法是違法的，焚香、法會、節慶皆被禁止，也不准再唱跳傳統歌舞。僧人和「階級敵人」遭到批鬥與公開羞辱。簡言之，西藏經歷了大規模與系統性的、企圖根除其文化認同與集體記憶的作為。

倘若在一九五九年隨我出逃的人員中，有任何人疑惑此舉是否正確，文化大革命也徹底消弭了他們的疑慮。假如我留在西藏，遭逢這種瘋狂而有系統的攻擊，哪怕是什麼有意義的事也都做不了。

一九七六年一月，中國總理周恩來過世，隨後朱德元帥在六月離世，九月九日，毛主席也去世了。毛澤東留給後人的有超過四千萬人的死亡，大多死於一九五八至一九六二年大躍進的饑荒時期。在地緣政治的層面上，不但不像強權國家在那時實施去殖民化，毛澤東統治下的中國反而對西藏、蒙古和東土耳其斯坦採取殖民帝國主義政策，卻極其諷刺地以激進的反殖民言論加以包裝。這給毛澤東的繼任者留下了長期不穩定、政治偏執、高壓統治的遺緒，特別是反應在針對非漢人民族的治理上。因此，時至今日，在占領西藏超過七十年之後，任何對西藏認同的表達，都仍被視為一種威脅，質疑中國在西藏統治的正當性。

隨著毛澤東之死，一連串激烈的權力鬥爭於焉展開，其中，毛澤東的妻子江青是文化大革命的煽動者、四人幫之一，她被華國鋒所領導的派系鬥倒而失勢。這些事情發生時，我身在印度，帶著關切與一些希望，旁觀事件的發展。

值得注意的改變是，前美國國防部長詹姆士・施萊辛格（James Schlesinger）在毛澤東死後迅即訪問西藏三天。施萊辛格的出訪讓我們得以更清楚地瞭解西藏境內的狀況。就他的描述，即便是以殖民主義的標準來看，中共在西藏也是暴虐專制的，因為其目標是完全統治。在此之前，中華人民共和國只允許他們親密的外國盟友參訪西藏。不久之後，北京開放支持中國政府立場的西方記者與作家進入西藏。從我自一九五九年開始流亡的近二十年間，整個西藏高原就像是一座巨型監獄。沒有人被允許和外界溝通，也就是說，除了少數透過祕密管道獲知的訊息以外，流亡中的西藏人完全被隔絕於故鄉的同胞與家人之外。在老家，西藏人被告知，流亡在外的西藏人活在赤貧之中，因為唯有社會主義國家才能成功實踐經濟上的繁榮。

當毛主席死後，中國共產黨權力內鬥塵埃落定之時，我的舊識鄧小平在一九七八年成為中國的最高領導人。

7 對話商談的序曲

鄧小平現在已經是中國的最高領導人，我在一九五四至一九五五年訪問北京期間見過他幾次，知道他是涉入西藏事務最深的幾位中國高層之一。與這個中國新政府交涉初始，我在一九七八年三月十日的公開演說中表示：

如果西藏境內的六百萬藏人真的過著前所未有的快樂富裕生活，則我們再無任何可爭論的理由。如果西藏人確實幸福歡欣，中國應該讓每個對西藏有興趣的外國人訪問西藏，不必限制他們的行動或與西藏人的會面，這樣才能讓訪客真正瞭解西藏境內的真實狀況。再者，中國應當允許西藏境內的藏人拜訪他們流亡在外的父母與親戚。如此一來，在自由國家的流亡藏人，其生活狀況方可被這些西藏人所知。流亡在外的西藏人也應該被賦予同等機會。

著實令人意外的是，一九七八年年底，我住在香港的兄長嘉樂頓珠收到與鄧小平在北京會面的邀請。這是很明顯的試探，嘉樂頓珠徵詢我該如何應對。同年十一月，在我西藏前政府任職、身陷囹圄的三十四位成員在大型公開典禮上獲釋：這顯然是一個滿載希望的訊息。一九七九年二月一日，班禪喇嘛在十四年後第一次公開露面，並且呼籲我返回西藏。與此同時，美國也跟中華人民共和國建立正式外交關係，顯示中國與國際社會之間的關係可能會發生根本上的改變。

我告訴我哥哥，應該接受邀請，但現階段只以個人身分出訪，而非擔任我的正式代表。一九七九年三月十二日，他在人民大會堂與鄧小平會面。鄧小平開頭便詢問我的健康狀況，並問及距離我哥哥上次來訪北京已過了多久時間。他回答那已是一九四九年，三十年前的事了。隨著對話進行，鄧小平告訴我哥哥，西藏完全獨立一事毫無商量餘地。「除了獨立之外，其他任何事都可以協商，任何事都可以討論。」他說。而針對嘉樂頓珠所提出的一連串問題，鄧小平的態度異常開放，且積極正面，即使我哥哥明確表示他只是以個人身分發言。鄧小平同意開放藏印邊界，如此一來，骨肉分離二十載的家人便能相見。他接受我們從流亡社群派遣藏文老師進入藏區，甚至同意在北京設立聯絡處以展開對話。鄧小平向他保證，中國的新領導團隊致力於根本、持久的變革，如果達賴喇嘛有疑慮，就應該派人到西藏調查實際狀況。他說，百聞不如一見。

到了一九七〇年代初期，經過深思熟慮，關於我們抗爭的本質、向前推進的最佳方式，我得出一些重要想法。我意識到，如果我方堅持要以恢復西藏獨立為目標，意味著藏人或許需要考慮與中共進行長期武裝抗爭的可能性，這不只不切實際，甚至是一種自殺行為。我還很清晰地記得尼赫魯總理說過，我們尋求恢復西藏的獨立地位是不切實際的，美國並不會為了西藏和中國開戰。

如果西藏人選擇以暴力途徑進行抗爭，堅決反暴力的我自然無法繼續領導追求西藏自由的運動。再者，我瞭解到，對西藏人而言，最重要的是保護這個歷史上與西藏高原有著獨特地理環境連結，具有獨特語言、文化與宗教的民族。最後，最關鍵的認知是，如果真要解決西藏問題，最終還是得坐下來與中共談判。為此，儘管西藏過去有獨立的歷史事實，儘管西藏人對獨立的理想、對自身的權利皆抱有深切期望，但我們必須認清，對中國人而言，爭取西藏獨立是絕不可能的。現在，如果要透過和平談判的方式解決問題，我們就得認真考慮中國人的觀點。我知道，對中華人民共和國來說，最重要的就是國家的穩定和領土的完整；就我們的角度，西藏人最看重就是要能作為一個獨特的民族，以我們特殊的語言和文化遺產持續生存、蓬勃發展。這顆播下的種子其後被稱為

「中間道路」——不尋求獨立，但要求在中華人民共和國的國家架構下享有名副其實的自治。

因此，在接到來自鄧小平的試探性接觸之前，我已於一九七四年和西藏流亡社群的主要領袖們分享此一想法。針對持續尋求恢復西藏獨立，以及我剛構想的新觀點，我們開誠布公地討論兩者之間的利弊得失。我們也討論、爭辯該如何、在何時，向更廣大的西藏流亡社群及國際支持者說明這個新的路線。經過一連串的討論後，包括內閣在內的西藏流亡政府重要成員都和我達成一致意見。所以當嘉樂頓珠從鄧小平那邊帶來，除了獨立，任何事情都可以談的訊息時，我深信在雙方都可接受的框架下，確實有空間得以進行有意義的對話。

鄧小平說到做到，至少在派遣代表團到西藏這件事是如此。一九七九年八月至一九八五年六月間，我們得以派出四個勘察代表團到西藏。值得注意的是，中國政府同意他們可以走訪西藏所有區域，而不僅限於中國人所謂的「西藏自治區」[1]。我並不清楚中

1 「西藏自治區」（Tibet Autonomous Region, TAR）是中華人民共和國於一九五〇年入侵西藏後所創設的現代編制，於一九六五年正式設立。這個區域包括歷史上的西藏衛藏地區和康區西部，大約就是中共一九五〇年入侵西藏時，拉薩的達賴喇嘛政府所統治的領域。西藏歷來由三區組成：衛藏（西藏中部、南部和西部）、康區（西藏東部）與安多（西藏東北部）。

國領導階層期待我們的代表團會有什麼想法，或他們認為境內西藏人見到代表團後會有何反應。事實上，由於害怕我們的代表團會遭受「思想正確」的地方人士襲擊，中國當局通知當地藏人，必須以禮對待到訪的代表團。

由久欽土登南嘉（Juchen Thupten Namgyal，他當時是我於達蘭薩拉的內閣中資歷較老的部長）率領的首發五人代表團抵達我的出生地安多時，他們被成千上萬的藏人簇擁，尤其是年輕人。中國隨護人員為之驚慌，向拉薩當局示警。當局回覆，安多與康區的人民都是缺乏階級意識的牧民，但所幸衛藏人的馬克思主義思想水準很高，那裡不可能發生令人難堪的情況。然而到了拉薩，群眾人數眾多且個個欣喜若狂。一名代表團成員無意中聽到一位中國高階幹部的評論：「過去二十年來的努力毀於一旦！」實際上，代表團所到之處都被哭泣的民眾包圍，他們細數悲慘境遇。那是一連串駭人聽聞的人權迫害，許多照片清楚地描繪文化滅絕的景象——男女僧院化為瓦礫。

雖然藏人迎接第一個代表團的反應著實令中國領導階層感到意外和尷尬，但我感謝鄧小平有雅量讓計畫好的第二、三、四次代表團持續出訪，即使由年輕藏人領袖們組成，以哲通丹增南嘉（Tethong Tenzin Namgyal，他當時是我派駐紐約西藏代表處的代表）為首的第二次代表團被提前送回。（第三團由我的妹妹吉尊貝瑪〔Jetsun Pema〕帶隊，第四團由前西藏高層官員功德林威薩堅贊（Kundeling Woeser Gyaltsen）領導。）或許北京將藏人流露的悲傷，詮釋為因文化大革命的暴行而痛苦不堪的直接反應，而非針對中共占領家園的強烈情感表達。透過這幾次訪視可以得見，對於我們在流亡中為他們所做的抗爭、對於我的領導，西藏境內報以大力支持。

代表團訪問西藏促成的立即成果之一，是新任總書記胡耀邦與副總理萬里史無前例地於一九八〇年五月前往拉薩進行調查研究任務。他們對於親眼所見的情況感到失望，對在地的漢人領導幹部大加斥責。他表示：

> 我們覺得我們的黨讓西藏人民大失所望。我們覺得很糟糕！共產黨的唯一目標就是為人民的幸福快樂而工作，為他們做好事。我們已經努力了將近三十年，但是西藏人民的生活並未得到顯著的改善。我們不該被斥責嗎？[2]

2　胡耀邦對西藏在地漢人領導幹部的批判言詞引述自王堯的文章：〈胡耀邦的西藏之行，1980年5月22日至31日：中國政府西藏政策的重要發展〉（"Hu Yaobang's Visit to Tibet, May 22–31, 1980: An Important Development in the Chinese Government Tibet Policy," in Robert Barnett and Shirin Akiner, eds., *Resistance and Reform in Tibet* [London: Hurst & Company, 1994]）。王堯是中國領導人胡耀邦西藏之行代表團的隨行成員之一。

據說胡耀邦把西藏的情況比喻為殖民主義。他宣布了六點政策，包括西藏人民應能全權區域自治，依據社會主義的方向發展西藏文化、語言和教育，以及增加藏人官員的數量。這個新的、較為自由的政策，使個人的宗教修行得以重現、能重啟與重建寺院，並允許更多年輕人出家為僧，且以現代書籍格式重印西藏古典經書。共產黨信守鄧小平對我哥哥嘉樂頓珠的承諾，同時允許流亡藏人回鄉探訪，境內藏人可以出國，尤其是去印度會見他們的親戚。

在一九八〇年代初期得以離開西藏的洛本勒（Lopon-la）是出身布達拉宮南嘉寺的年長僧人，該寺僧人歷來負責協助達賴喇嘛的法事和官方典禮。一九五九年我離開拉薩之後，洛本勒在中國監獄待了十八年。再次返回於達蘭薩拉重建的原本佛寺後，他高大且略為佝僂的身影成為十分有辨識度的存在。

自從我在西藏認識洛本勒以後就非常喜歡他，我們在許多場合見過面。某次會面時，我們一起喝茶，他若無其事地談到，在監獄時曾兩三次感受到真正的危險。我想他應該是在談論某種對他生命造成威脅的事情，於是我問他：「什麼樣的危險？」他回答：「我對中國人喪失慈悲心的危險。」我聞言後向他鞠躬致敬。之後，我也從其他西藏人那裡聽到類似的故事，特別是出家僧尼，他們極度小心，不讓自己失去對中國人的慈悲心，即使是那些對他們加諸傷害與折磨的人。

依循鄧小平於一九七九年對我哥哥所說的話，我努力直接與中國領導人交涉，一九八一年三月，我寫了一封信給鄧小平。就胡耀邦到訪西藏、努力改正且坦承過去的錯誤表示感謝。透過我哥哥，我已知悉鄧小平邀請我們彼此聯繫，也感謝他允許我們派遣代表團到藏區。我信中寫道：

如果藏人的身分認同得以保持，如果他們真真切切地感到快樂，就沒有抗議的理由。但事實是，九成以上的藏人忍受著心理和身體上的痛苦，而且活在深深的悲傷之中。這些可悲的狀況並非肇因於天災，而是出於人為的行動。因此我們必須以合理的方式，根據現實，努力解決問題。

為此，我們必須改善中國和西藏，以及西藏內外藏人間的關係。未來，在真誠和平等的基礎之上，我們必須嘗試透過更深的理解，建立西藏人與中國人間的友誼。現在已是時候運用我們的共同智慧，以包容和寬大的心胸，迫切為藏人求取真正的福祉。

一九八一年七月，經由我哥哥嘉樂頓珠和胡耀邦的私人會面，中國迅速地對我做出回應。出於中國觀點，胡耀邦聲明了關於彼此相處的五條方針。[3]這個回應令人失望，因為提議完全只聚焦於我個人的職位與我返回西藏的事項，而不是關注六百萬西藏人民福祉這個更為重大的議題。事實上，沒有任何具體內容被提及，而不管鄧小平在一九七九年對我哥哥說了什麼，至少從這份方針來看，「除了獨立之外，其他任何事都可以協商」顯然不是真的。

不論如何，隨著與中國展開正式或非正式的直接對話，以及中國自身的改革開放和西藏的部分開放，相較於過往，我們關於西藏的倡議顯然面臨更複雜的階段。我們先前的角色是把注意力帶到正在發生的罪行和破壞上，並為自由與人權據理力爭。現在則需提出雙方都可接受的具體方案。因此，我在一九八一年三月十日的官方文告中提及，過去的歷史已經消失於過去，眼前更為緊要的是未來，須經由發展漢藏間友善且有實質意

3　胡耀邦的五條方針其後在《北京周報》（*Beijing Review*, December 3, 1984）刊出：第一，我們的國家，已經走上了政治上能夠長期安定，經濟上能夠不斷繁榮，各民族能夠更好地團結互助這樣一個新時期。達賴喇嘛應該相信這一條；第二，達賴喇嘛和他派來同我們接觸的人，應該是開誠布公，不要採取捉迷藏或者是做買賣的辦法。對過去的歷史可以不再糾纏，即一九五九年那段歷史；第三，我們誠心誠意歡迎達賴喇嘛和跟隨他的人回來定居。我們歡迎他回來的目的，是歡迎他能為維護我們國家的統一，增進漢藏民族和各民族的團結，和實現四個現代化建設做貢獻；第四，達賴喇嘛回來定居後的政治待遇和生活待遇，照一九五九年以前的待遇不變。至於西藏，他就不要回去了，西藏的職務就不要兼了。我們對跟隨他的人也會妥為安置。不要擔心工作如何？生活如何？只會比過去更好一些；第五，達賴喇嘛什麼時候回來，他可以向報界發表一個簡短聲明，聲明怎麼說由他自己定。

義的關係，才能有真正的和平與幸福。我說，為了實現這個目標，重要的是彼此都要盡力包容理解、開放心胸。

我決定派遣一個高層級代表團前往北京，一九八二年四月，由久欽土登南嘉、達拉平措扎西（Takla Phuntsok Tashi）兩位內閣閣員（*Kalon*，噶倫）以及西藏人民議會的議長嘉日洛迪（Gyari Lodi）組成三人勘察代表團。我向他們簡要說明了我的想法以及可能的解決之道。我們急切地想要知道中共的立場是否確實有所轉變，還有鄧小平聲明的「除了獨立之外，其他任何事都可以協商」的具體意思是什麼。例如，我們的一位談判人員詢問，考量到我們不同的種族與歷史，西藏人難道不該享有中華人民共和國提供給臺灣的相同權利嗎？他得到的回答是，西藏人無法期待能得到他們願意給予臺灣的條件，因為臺灣不像西藏，他們尚未被解放。

當我的勘察代表團抵達北京，中方卻期待我就我哥哥訪問時胡耀邦提出的五條方針給予答覆。這導致初期的誤解。代表團和中方與談人各說各話。中方隨即提供了一份五條方針的複本，以及我哥哥在一九七九年與鄧小平會面的官方紀錄。最後，中方就只是重申了他們的立場。顯然，實質對話的空間並不存在。

儘管如此，我對西藏境內發生的變化感到相當樂觀。像是有好幾百位來自西藏本地的僧人和在家居士能夠踏上朝聖之旅，參與一九八三年於菩提伽耶舉行的大型佛教法會。於是，我公開表示我訪問西藏的願望，可能的話會在兩年以後。我提議派先遣團隊前去籌備，可惜他們並未正面回應。

一九八四年五月，我們在達蘭薩拉開了一場特別的會議，討論我和北京正在進行的交涉，出席人員包括我的內閣閣員、西藏人民議會的代表，還有其他的重要支持者，像是西藏婦女會和西藏青年會。同年十月，我派出同一批勘察代表團前往北京進行進一步磋商。我們的代表團當場指出，中國政府提出的五條方針只關注達賴喇嘛的地位與回歸的議題。我們提醒中國人，真正的議題是西藏及其人民，代表團也再次傳達我想拜訪我的祖國的希望。

我們提出一項實質建議，即西藏（包括康區與安多）去軍事化，並在中華人民共和國內部擁有自治權。中方拒絕針對這些提議進行任何討論，否認有「西藏問題」的存在，宣稱唯一需要討論的就只有達賴喇嘛的職位。他們重申胡耀邦在一九八一年提出的五條方針，並在我的代表團從北京返回印度之後不久，首次將之公諸於世。[4]在看似有所進展後，情勢再次陷入僵局。

4　如前所述，中國政府是透過一九八四年十二月三日的《北京周報》公開發表五條方針。

8 尋求我們的第四個依止

與中國的接觸沒有實質進展之際，西藏境內的局勢走向開始令人擔憂。一方面，西藏大抵上的確開放不少，相較於文化大革命時期，情況有所改善。另一方面，與胡耀邦承諾裁減漢族官員與幹部相反，大量漢人以「發展」為名，移民到西藏。這讓人深感擔憂，因為如果放任不加限制，這個區域的人口結構就會徹底翻轉，把西藏高原變成中國的另一個漢族省分，造成西藏人民在自己家鄉的邊緣化。

中國在其他民族區域所作所為的歷史證據，顯然是令人深感憂慮的原因。從社會文化的角度來看，中國人湧入西藏意味著，我們西藏人珍愛的地方，其獨特性質可能開始有所改變，特別是包括聖城拉薩。同時，就政治面而言，西藏的情況至少可以說是愈來愈混亂。西藏在黨的書記伍精華的領導下，對於宗教事務似乎採取新的自由政策，例如一九八六年二月批准恢復拉薩的祈願大法會，這是自一九六七年以來的第一次。然而，北京領導高層似乎仍不願妥協。

我們需要重新評估策略。我們決定把建議方案整理得更有系統，並且在國際論壇中提出。與北京的討論結果使得我們別無選擇，只能藉由國際舞台提出方案。這個策略同時也讓全世界的支持者得以知道我們更深層的心聲，他們一直耐心等待，想要聽到我們對談的結果。我常常把國際社群描述為我們的「第四個依止」，是傳統佛教佛、法、僧三寶以外的另一個依止。

我們的某些努力收到了成效。一九八五年七月，美國國會九十一位議員聯名致信中華人民共和國國家主席，支持直接對話，並且敦促中國人「要好好考慮同意達賴喇嘛及其人民非常合理正當的心聲」。中國擔心國際間愈來愈關注西藏問題，於是在一九八七年六月邀請美國前總統卡特訪問拉薩，其後又在同年七月邀請德國總理柯爾（Helmut Kohl）。

一九八七年六月，美國眾議院通過一個法案，譴責中國在西藏違反人權的作為，敦促中國進行建設性的對話。同年九月二十一日，美國國會人權小組邀請我去演說。我以下文作為開場白：

> 世界日益互相依賴，所以永久的和平，無論是民族、地區、或是全球的，都只有在

我們考慮更廣泛的利益而非狹隘的需求下才能達成。這時我們全體無分強弱應該用自己的方式去努力。我今天是以西藏人的領袖和一個獻身於以慈悲為原則的佛教僧人身分來此講話。

然後我接著提出五點和平計畫，作為與中國未來可能談判的基礎。這五點如下：

一、把整個西藏轉化成為一個和平地區。

二、中國停止危及藏族生存的移民政策。

三、尊重藏族人民的人權和基本權利。

四、重建和保護西藏的自然環境，中國放棄在西藏製造核子武器及儲存核子廢棄物。

五、對西藏未來的身分地位以及中國人民和藏族人民關係的問題進行真正的會談。

美國參議院不久就在十月通過了先前在眾議院通過的國會法案。同年十一月，雷根總統簽署外國關係授權法案，宣告美國與中華人民共和國的關係會把西藏人民如何被對待考慮進來，以回應達賴喇嘛要與中國建立建設性對話的努力，並且呼籲釋放政治犯。

中國國家媒體強烈批評五點和平計畫，這個特別針對我個人的批評深深傷害了許多西藏人。在我於華盛頓發表演說不到一星期之後，九月二十七日，哲蚌寺的僧人發動抗爭，拿出一面西藏國旗，並且要求西藏獨立。他們被逮捕了。聽到這個消息時，我憂心忡忡。接著，十月一日，色拉寺的僧人組織第二次示威，大批群眾加入示威行列，要求釋放犯人，造成一場大騷動。警察局被燒毀，中國警察開槍擊斃一些人。十月六日，緊接著發動另一場抗爭。在平靜一段時間之後，一九八八年三月五日這一天，也就是大祈願法會的最後一天，甘丹寺的僧人又爆發另一次抗爭。這引發了傳遍全西藏的自發性抗爭。所有事件在在顯示境內西藏人民的心聲，他們訴求的超乎單就經濟方面的改善，更不用說蘊藏著高度不滿。

與此同時，我在六月中旬受邀在歐洲會議發表演說，趁機正式詳細說明五點和平計畫。為了準備這件事，我在達蘭薩拉召開一次特別會議，討論我打算在斯特拉斯堡（Strasbourg）提出的重要意見。在六月六日至九日這三天，由我的內閣主持會議，出席成員包括西藏人民議會的議員、公務員、非政府組織、剛抵達印度的藏人代表，還有特別邀請的來賓，以及其他流亡社區的代表，我花了很長的時間討論我提議中的重點。經

[76]

過深度討論和辯論之後，這次特別會議的與會人員全體一致贊同這個提議。

一九八八年六月十五日，我在斯特拉斯堡對歐洲議會發表演說，內容提及這些關鍵增補要點：

總的來說，包括衛藏、康、安多三區的西藏，將在經過人民同意的法律基礎上成為一個民主的自治政體。這個政體將和中華人民共和國聯盟。

中華人民共和國政府可以保有負起西藏外交政策的責任，然而西藏政府在宗教、商業、教育、文化、旅遊、科學、運動及其他非政治領域將以外交辦事處來推展及維持對外關係。在這個範圍內，西藏將會成為國際專業組織的成員。

西藏政府將會在憲法或基本法的基礎上成立。基本法將會規定負有保障經濟平等、社會正義和保護環境等責任的民主政府的組織結構。這也就是說，西藏政府將有權力決定所有涉及西藏和西藏人民的事件。

我們明確說明了我們並不準備尋求獨立，也表達願意繼續成為中華人民共和國的一部分，但是必須保證實質的自治。其後我稱這個立場為「中間道路」——在獨立以及當下威脅西藏人民與文化生存的現實之間的中間道路。基本上，我對北京領導人的建議如下：由於一九五〇年的入侵以及其後十七條協議的簽署，中共已經選擇強迫西藏與中華人民共和國統一，我提議我們共同合作，雙方都以誠懇與奉獻之心讓這個統一真正可行。我努力為雙方找出一條可行之道，使西藏人在中華人民共和國的家庭中真正感覺自在舒服。不知怎的，我在那時並未想要返回舊日時光。基於西藏被中國強占這個現實的冷靜認識，我放眼未來的發展。同時，我也很認真考慮北京的核心關注點，那就是領土的完整與穩定。我的提議旨在互利，並且尋求雙方都同意的解決辦法。令人遺憾的是，北京選擇不去瞭解我們主動提議之事的歷史意義。我並不認為這是由於他們不理解我們的提議內容，我自己的感覺是，那僅僅是中國領導人缺乏想要認真處理西藏問題的政治意志。我到現在仍然相信，基於中國領導人的政治意志和遠見，對中國而言，要滿足西藏人的需求不見得是件困難的事。

我承認，當我首次提出這個五點和平計畫時，包含境內、境外的許多藏人對於在斯特拉斯堡提出的方案的溫和立場都感到失望。但是我堅信在斯特拉斯堡演說中概述的思想是最務實的方法，既要順應中國的利益，又可以重建西藏的獨立身分認同，恢復西藏人民的基本權利。我同時也表明不希望積極參與未來西藏的政府運作，但是願意繼續盡我所能，為西藏人民的福祉與幸福而工作。事實上，我的勘察代表團在和中方對口人士見面時，就已經將斯特拉斯堡方案中的核心內容轉達給中國領導人了。在斯特拉斯堡，我們只是想讓這些想法獲得更大的國際關注。

在斯特拉斯堡演講完後，我接著訪問瑞士，與一大群當地的西藏人見面，我趁機分享了我的想法。我知道斯特拉斯堡方案概述的溫和立場會中止我們對完全獨立的主張，可能使許多西藏人不悅。我在這場西藏人的聚會中強調，我們所追求的基本上是有能力保護我們語言、文化、宗教以及民族認同，這只能在中華人民共和國的架構中才得以實現。我也指出，有鑑於西藏是個內陸國家，從經濟發展的角度來看，我們西藏人有可能從如此的安排中真正獲利。我同時也說，西藏的前途與命運，最終應由西藏人民自行決定。

儘管我瞭解人們對主權與獨立的情緒性執著，但以我個人而言，我一直更加推崇實用主義。對於歐盟背後的理想，我深為讚賞。今天像法國與德國這些國家，傳統上視彼此為敵人，現在聯合起來，讓渡部分他們珍惜的主權給一個歐洲集體機構，使得個別國家的人民更有機會繁榮發展。這是個歷史事實，有時候由於地緣政治的條件，先前獨立的國家聯合組成一個複合體。然而在其他時期，同樣因為政治局勢的改變，有些國家則剛剛得到自由，就像東帝汶（Timor-Leste）那樣。[1]至少對我而言，重要的是要有一個適當的結構與框架，可以確保一個民族以其獨特的語言、文化和認同繼續生存與繁榮。

在我提出斯特拉斯堡方案之後，接踵而至的，不只是某些西藏人的失望之情，還有針對這個立場的尖銳批評。我的大哥塔澤仁波切就寄了一封信給流離中的傑出藏人，批評這個放棄要求西藏獨立的決定。他甚至把我們的方案說成一種出賣。與此同時，來自西藏境內重要人士與中國的回應是振奮人心的。平措汪傑在我於一九五四年至一九五五年訪問北京期間擔任我的官方翻譯，他說：「在現今的歷史脈絡下，達賴喇嘛只追求西藏有意義的自治而非獨立的『中間道路』，展現出他承擔了認真思考基本問題的重大責任。」西藏境內另一位傑出學者也說，因為中間道路對西藏人和中國人雙方是「互利的」，因此，這是「徹底解決西藏問題唯一的辦法」。

讓我在這裡暫停一下，談論一個重要問題。有些時候，中國當局會批評我「容許」境內、境外的西藏人談論西藏獨立。這個批評是以一個奇怪的想法為前提，也就是說，

1 東帝汶是東南亞的一個小國家，占據帝汶島的一半面積，另一半屬印尼所有。東帝汶原本是葡萄牙的殖民地，後來被印尼占領，於二〇〇二年取得獨立地位。

不管以什麼方式，我必須或應該有權禁止任何西藏人，就連提到「西藏獨立」這個詞都不可以。對威權體制而言，禁止言論自由並且以武力對付違反禁令的人，那是一回事。但是面對像西藏流亡社群這個自由開放的社會，那又是另外一回事。民主體制其中一個特徵就是言論自由。即使我不同意那些主張追求西藏獨立是推動我們爭取自由的最佳方式的西藏人，我對這些人仍然保持最大敬意。例如，西藏青年會，他們的使命之一就是「為西藏的完全獨立而抗爭」。

然而，我的主要目標一直都是要讓西藏運動的公開領袖人物和住在自由世界的多數西藏人相信我們的中間道路是正確的，也就是尋求實質自治而非脫離中華人民共和國。

儘管我明確地公開聲明我們並不尋求獨立，在德里的中國大使館仍於一九八八年九月二十三日發布一個正式回應，他們說：「達賴喇嘛在斯特拉斯堡所提出的新方案不能作為與中央政府談判的基礎，因為並未完全放棄『西藏獨立』的概念。」即便如此，北京倒是接受我們的提議，著手參與將於一九八九年一月在日內瓦進行一系列的談判。但到頭來，中國官員還是找到一堆藉口不想展開談判；其中一個理由似乎是不滿我們將我方的團隊成員、談判場地公諸於世。我們甚至提議四月在香港舉行一場會前會，以解決他們心中可能有的任何問題與擔憂，卻無濟於事。一九八八年十二月因紀念國際人權日而在拉薩發生的進一步示威，也許是該會議流產的另一個理由。

一九八九年一月二十八日，班禪喇嘛在他的本寺扎什倫布寺突然圓寂。我們心情沉重地哀悼他的離世，知道我們已經失去這位為其人民承受眾多苦難的英勇西藏領袖。當他在世時，我覺得他在西藏境內的努力，特別是站在前線保護西藏語言、文化與認同，與我在西藏境外用心成為西藏的自由代言人，其實是相輔相成的。因此，他的驟然離世讓我難過不已，深感痛失一位在西藏境內真正有力而勇敢的盟友。我們在達蘭薩拉的大昭寺為班禪喇嘛舉行圓寂紀念法會，在許多佛寺也舉行一樣的法會，特別是在南印度重建的傳統本寺扎什倫布寺。按照習俗，我為他的早日乘願再來寫了九頌的祈請文，其中包含以下頌文：

縱使威脅不斷厚雲層
蒼穹之下自在自由無
教法眾生利樂大承擔
汝之突然圓寂令人憂
依汝長久修行之心願

願汝無誤轉世之新月
雪域具福東方雪峰亮
願吾速得燦然新月喜

顯然在政府完全知悉之下，中國佛教協會邀請我參加他的告別式。我們極為慎重地看待這個邀請。然而，北京剛剛取消了計畫中的日內瓦談判，態度相對溫和的西藏黨委書記伍精華在一九八八年底被解職，而且這個邀請只是去北京，而非去西藏。我也不清楚能否見到任何中國高層領導人或是西藏重要人士。由於種種的不確定性，也沒有適當的時間仔細評估其後續影響，我終究決定不出席。之後，情況很快就失控了。

一九八九年三月五日，也就是三月十日週年紀念日的前夕，爆發了一九五九年拉薩人民起義以來反對中共最大規模的示威。足足三天，中國軍警惡毒地鎮壓西藏人民，造成數百人死亡。三月八日，中國在拉薩實施戒嚴。西藏問題現在也在許多歐洲國家被提起，同年在德國召開了第一次西藏人權迫害的國際聽證會。

該年四月十五日，在一九八七年辭職下野的胡耀邦去世了。由學生領導的一系列抗爭活動從那天開始，在北京天安門一直持續到六月四日。學生呼籲要求擁有更大的問責權、民主、新聞自由與言論自由。在最高潮期間，有超過一百萬人聚集，構成自從中共掌權以來最嚴重的挑戰。就像世界其他地區一樣，我也被這些事件所震懾，以混雜著讚賞、焦慮與希望的心情關注著他們。我在五月十四日發表聲明：

我極為關注當前中國追求民主與自由的運動。中國人民，特別是年輕人與知識分子，試圖傳達他們真實的感受……我支持他們的運動，並且讚賞他們的勇氣。這些發展將有利於中國……看起來似乎至少有部分的中國領導人，嘗試採取更為正面的方式面對這些發展，儘管體系內部有極大的壓力。我敦促中國領導人勇於接受現實，並且瞭解他們自己人民的心聲。

五月二十日，北京宣布戒嚴，大約三十萬的部隊部署在北京市內。當緊張不斷升高，經由全球電視轉播，戲劇性的事件持續呈現在眼前，我覺得我必須表達我與抗議學生和他們的訴求同在。我身旁的許多人勸阻我，因為那會觸怒北京，畢竟他們才是我們要協商談判的人。眾所皆知，一九八九年六月三日，中國領導人發動人民解放軍攻擊自己的人民，直接開火。六月四日，他們派遣裝甲運兵車及坦克車進入天安門廣場。直到今天，我們還不知道有多少人被殺了。我相當震驚——看到中國軍隊殺害自己的人民，只因他們要求更多的自由與更好的生活，真的令人毛骨悚然。

我召喚我的祕書哲通丹增格傑（Tethong Tenzin Geyche）與主管新聞與國際關係的嘉日洛迪立即來見我。我要求他們擬一份聲明，表達強烈反對中國政府的鎮壓，我也要和聚集在天安門廣場的年輕中國人民團結在一起。可想而知，他們會擔心我的公開聲明將對我們與中國領導人正在進行的討論產生負面衝擊。但是我說，如果我現在不說話，那每當我要支持自由民主時，還有什麼道德權利可言？我提醒他們，那些在天安門廣場的年輕人不過是要求更多的自由而已。

有些時候，特別是涉及人性的基本議題，不能因為權宜之計或自己的利益而默不作聲。因此，我發表了一份聲明，用最強烈的詞語表達反對中國領導人的軍事行動；我對中國政府無視於人民真實的感受表示極度失望。我也哀悼那麼多無辜生命的逝去，我說我與失去至親的家庭、親戚、朋友感同身受。我可以說，在一九八九年六月四日這一天，不論是在西藏境內或境外，所有的西藏人都跟中國人民團結一致。

隨後，一九八九年十二月十日，當我在奧斯陸正式接受諾貝爾和平獎的時候，我一開始就說：

我代表全世界被壓迫者以及那些為爭取自由和致力世界和平的人們，心懷深刻的感激接受這個獎項。我接受這個獎項，把它當成是對以非暴力行動尋求改變的現代傳統建立者——聖雄甘地——的致敬，他的一生教導了我，並且啟發了我。

我覺得在我的得獎感言中必須提到對天安門廣場事件的聲明，於是我說：

中國追求民主的群眾運動在今年六月已被殘忍野蠻的力量壓碎了。但是我不相信示威是白費力氣的，因為自由的精神會在中國人民之間死灰復燃，而且中國也不能自外於橫掃世界許多地方的自由精神的衝擊。這些勇敢的學生以及他們的支持者，已經向中國領導人與世界展現這個偉大民族的人性面貌。

儘管追求自由的群眾運動在前蘇聯和東歐成功，將柏林圍牆推倒，讓許多人從共產黨的集權主義中得到自由，但是由學生領導的天安門自由運動並未推倒中共的鐵幕。不用說，歷史學家和地緣政治專家會設法瞭解，如何全面性地解釋這兩者之間的對比。儘管聽起來太過簡化，有兩件事情浮現在我的腦海。其一是中共的人民解放軍，儘管以人民為名，卻執意射殺自己的人民，這和東歐的狀況不同。其二是在東歐，當以追求自由的群眾運動形式挑戰當權者之時，幾乎所有人都在關鍵時刻投入支持行列。以天安門事件這個案例而言，即使支持學生領導的運動的抗議的確擴展到中國數百個鄉鎮城市，但似乎尚未達到可以造成真正改變的關鍵群聚效應。但是我不相信天安門事件意味著中國人民追求更多自由、尊嚴與民主的終局，連一秒也未曾有過這個念頭。

儘管天安門事件沒有直接牽連到西藏，但是毫無意外地，對於我們試圖與中國開啟談判還是產生重大衝擊。自一九七九年鄧小平對我哥哥嘉樂頓珠說「除了獨立之外，其他任何事都可以協商」開始的一連串過程已經走到盡頭。雖然鄧小平掌權時滿口承諾，但到頭來還是證明他和毛澤東一樣殘忍粗暴。

一九八九年三月八日，拉薩實施戒嚴，一直到隔年的五月一日才取消。

9 天安門的餘波

天安門悲劇的直接副作用，就是首次有大批中國人民更加同理西藏人民的悲慘處境，特別是在鎮壓後逃離中國的眾多知識分子和異議人士。在一九八九年後的那些年，我在巴黎、倫敦、瑞士、德國、美國、加拿大、澳洲和日本等地，多次會晤了支持民主運動而流亡海外的中國人。

天安門廣場抗議運動的數位關鍵成員於一九八九年九月在巴黎成立一個名為「民主中國陣線」（Federation for Democratic China, FDC）的組織。在他們的請求之下，我於一九八九年十二月，和他們的領導階層在巴黎有一次令人感動的會面。會晤的異議人士當中有嚴家其（他曾是中國總理趙紫陽的政治顧問，後來成為民主中國的著名提倡者）。我為他們的勇氣、承擔追求更民主的中國而大表讚揚。考量到中國的人口規模，實現民主中國的使命著實是神聖高貴的工作，如果他們想要達成目標，就得有堅忍不拔和不屈不撓的決心。我分享了我們為西藏自由與尊嚴抗爭的經驗，不論要花費多長時間，都會以無所畏懼的態度，完全投入目標。趁此機會，我向他們強調，有關我們的抗爭，已經決定採行中間道路途徑，不尋求獨立，而是追求實質的自治，使我們得以依自己獨特的語言、文化和宗教，成為一個能夠生存與繁榮的民族。我提醒道，相較於我們為爭取自由所做的努力，他們尋求民主中國的抗爭才剛起步。

之後，我又與其他中國異議人士中的元老人物見面，其中有魏京生這位知名的人權運動家，他把一九七八年的文章〈第五個現代化〉貼在北京民主牆上；還有吳宏達，他在揭露中國勞改營的可怕真相上起了很大的作用。事實上，吳宏達好幾次力勸我重新考慮我的立場，轉而爭取西藏的完全獨立。

一九九一年，在紐約哥倫比亞大學舉辦的一場人權研討會中，我有幸和中國傑出天文物理學家方勵之同台，他當時也正流亡海外。我也遇見了卓越的中國作家王若望，他因為寫了一封支持天安門學生示威的信給鄧小平而聞名，還幫忙領導行進到上海市政府的一場遊行。在天安門事件後，這些逃離中國的重要知識分子以及數百位學生領袖，他們所要爭取的不過就是在中國之內可以有更多的自由、尊嚴和民主。不管中共怎麼描述他們，所有人都為了良心付出沉重的個人代價，他們每個人都是真正的愛國者，高度關切中國的未來與其在世界中的地位。

我一直主張我們不是要反對中國人民，而是為西藏人民的權利而反對一個壓迫的政權。所以，我也必然對其他受中共政權壓迫的人深感同理，包含中國人民本身、內蒙古的蒙古人，還有東土耳其斯坦（新疆）的維吾爾人。我也會晤了一些流亡的維吾爾人，像是知名的艾沙・阿布甫泰肯（Isa Alptekin）與他的兒子艾爾肯・阿布甫泰肯（Erkin Alptekin），後來又遇到熱比婭・卡德爾（Rebiya Kadeer）與多里坤・艾沙（Dolkun Isa），他們分別是世界維吾爾代表大會（World Uyghur Congress）的前任與現任主席。我跟他們分享為追求自由而進行正當抗爭時，堅決主張非暴力原則的重要性，以及我長期以來的信念，那就是唯有非暴力、考慮雙方的需求與關注事項，才可能找到真正可長可久解決衝突的辦法。而採用互利互惠的手段，則是以非暴力找到解決之道的關鍵。和他們談及西藏人的抗爭時，我重述了經常告知國際社群支持者的話語：我認為他們既不反對中國也不是支持西藏，而是支持自由、支持真理。

一九八九年十月，我獲得諾貝爾和平獎，其後在奧斯陸舉行的頒獎典禮讓西藏運動得到廣泛的國際關注。對全世界的西藏人而言，這個獎是對我們堅定奉行非暴力抗爭以重獲自由與尊嚴的重要肯定。對我個人而言，這次經驗中最令人感動的一部分是，看到這麼多西藏人與國際支持者歡欣慶祝的臉龐，他們已經不屈不撓地奔走了幾十年了。許

[88]

多人到奧斯陸參加慶祝典禮，他們表現出的美好歡喜的能量，使我至今記憶猶新。我趁機親身感謝他們。至於在西藏老家，我知道許多西藏人都在慶祝，儘管這麼做顯然會招致危險。若要說真話，西藏境內的狀況仍在持續惡化。

一九九〇年七月，中共領導人江澤民和人民解放軍總參謀長遲浩田訪問西藏。在當時，如同在中國內地一樣，強硬派正控制著西藏。中國當局強調要對「祖國」忠誠，還要「對分離主義鬥爭」，也就是要鬥爭我和流亡團體。他們大力提高中國人移民西藏的誘因，比方說，剛從中國到西藏的工人可以大幅加薪。日益增長的移民，引起包括藏人共產黨幹部在內的西藏人的強烈不滿。相較於外面廣大世界正在發生的事情，西藏境內的強硬作法，是令人難過而且奇怪的發展。值此階段，自由浪潮正襲捲全球，例如說，一九八六年的菲律賓與一九九〇年的智利終結了獨裁政權，當然還有一九八九年柏林圍牆倒下。在那段期間，美蘇之間的關係漸趨緩和，並且大量裁減核子武器。然而在中國，特別是在西藏，卻是一個新壓迫時代的開始。我想要經由對話尋找解決之道的努力，持續撞上拒絕的高牆。

一九九一年五月，在國際社會前線，美國立法機構通過了參眾兩院的共同決議，承認西藏是一個被非法占領的國家，再次肯定美國對西藏的立場，如同一九六一年美國駐聯合國大使所說的，美國相信這些目標必須包含恢復西藏的人權以及他們天賦的自決權。這個決議的結論如下：

> 國會認為：西藏，包括被併入中國四川、雲南、甘肅與青海省的地區，在既有的國際法原則之下，是個被占領的國家，其真正的代表是被西藏人民承認的達賴喇嘛與西藏流亡政府。

幾年以後，美國政府於一九九七年在國務院中成立美國西藏問題特別協調員辦公室（Office Of the US Special Coordinator for Tibetan Issues）。今日，這個辦公室依據二〇〇二年西藏政策法案（Tibetan Policy Act of 2002）協調與西藏問題相關的美國政策與計畫，前述法案修正為二〇二〇年西藏政策及支援法案（Tibetan Policy and Support Act of 2020）。打從一開始，我就有幸和該法案的聯名提案人會面。

由於高度關切一九九一年西藏境內日益惡化的狀況，特別是中國作為一個壓迫者的惡行，我於當年接受耶魯大學的演說邀請。我一開始就提出，我們要認識我們正在經歷的重要時代，以及近年來世界的巨變。我探究柏林圍牆是如何倒下的，以及蘇聯在七十年的共產黨統治之後，如何發出人民與國家追求自由民主的訊號。我提及最近幾次訪問蒙古、波羅的海國家與保加利亞的經驗，看見千百萬人終於可以享有被剝奪了數十年的自由，我深感鼓舞。我特別指出，這個令人驚嘆的轉型並不是訴諸暴力。

我強調國際社群需要繼續和中國往來，我說我堅信人與人之間、國家與國家之間的關係，都必須建立在人性的瞭解之上。一旦中國願意以建設性的態度參與國際社群，這個世界就應該和中國交往。但若中國堅持違反文明行為的基本規範，那麼就不應該把它當作被寵壞的小孩般縱容它。作為國際社群中負責任的成員，中國必須為其行為被究責。就我們持續嘗試和中國談判而言，我提到中國政府拒絕回應我的談判努力，使許多境內的藏人漸漸失去耐心，特別是遵守我們非暴力路線的年輕人。由於中國鼓勵大量人口入侵，緊張程度有增無減，在我們的國家中，威脅著將西藏人降為次等的少數民族。我非常憂心，在這種一觸即發的狀況之下，可能會爆發暴力行為。我說我要盡其所能地協助避免這種情形發生。

我接著表示希望訪問西藏，得以直接和我的人民溝通，敦促他們不要放棄我們的非暴力路線。我的訪問可以讓中國領導高層有機會瞭解西藏人民的真實感受。

既然我的五點和平計畫、一九八八年的斯特拉斯堡方案都得不到北京的正面積極回應，我在一九九一年九月表示，我將不再受這些計畫的約束。然而我強調會致力於談判的道路。當然，我們會繼續努力與中國保持開放的溝通管道。一九九一年十二月，中國總理李鵬訪問德里，我試圖與他會面未果。一九九二年六月，我哥哥嘉樂頓珠與中共中央政治局委員丁關根見面，他轉告中國政府的信息，如果要恢復談判，就必須以我公開宣示放棄西藏獨立為前提。這很奇怪，我們早就明確宣示而且重申願意中止獨立的要求，以作為和談的部分條件。儘管如此，一九九二年九月十一日，我正式寫信給中國最高領導人鄧小平和總書記江澤民兩人。我表達我對會談抱持開放態度，並為了能就更全面的格局進行討論而附上一份備忘錄，摘要自一九五一年迄今雙方對談的歷史。這封信原本要交給駐德里的中國大使，並且建議每個月在中國大使館舉行例行性會面，以建立彼此的信任。然而，直到一九九三年七月，中國政府才允許我的代表親自遞交此信。

在這封寫給江澤民的信中，我傳達了我個人在談判過程中的基本信念，也就是這是解決西藏問題的唯一解決方法。我寫道：

> 我很高興我們之間再度建立直接的聯繫。我希望這能帶來關係的改善與增進相互的瞭解與信任。

我已得知一九九二年六月二十二日丁關根先生與嘉樂頓珠的會談內容，以及中國政府關於西藏問題解決之道的談判立場。對於丁關根先生所傳達的強硬態度與沒有彈性的立場，我表示失望，特別是強調談判的前提。

然而，我仍然相信，為了西藏人民與中國人民雙方的利益，我們的問題只能經由談判獲得解決，且在一種誠懇開放的氛圍中進行。為了要讓這件事可能實行，雙方都不應該設置障礙，因此任一方都不應該提出前提。

為了要展開有意義的談判，相互信任是根本必要的。因此，為了建立信任，我相信讓中國領導人和人民知道，迄今我已做了哪些努力是很重要的。我的三位代表帶著一封我寫的信，附上一份詳細的備忘錄，說明了我的觀點，與這麼多年來為了西藏人民與中國人民最佳利益而推動談判的努力。他們會回答與討論您希望提出的任何問題與要點。我希望經由這些重啟的討論，將能找到引導我們進入談判的道路。

就我而言，我已經提出解決我們問題的許多想法。如果您希望看到西藏與中國和平地生活在一起，我相信現在正是中國政府提出一個真正有意義的方案之時。因此，我誠摯地希望您會以開放與友誼的精神予以回應。

這封信附帶了一份我給中國領導人的詳細備忘錄，提綱挈領地概述了我過去對於解決西藏問題所採取的途徑，以及背後的種種考量，我還提出一份實質對話的討論方案。在備忘錄的結論中，我如此表示：

> 如果中國要西藏留在中國之內，則中國必須製造必要的條件。中國人必須顯示出來藏人和漢人可以和平相處的方法，中國人必須詳細而逐步說明有關西藏的根本地位，如果有這樣明確的綱領，無論協議是否可能達成，我們藏人就可以決定是否要與漢人生活在一起。如果我們藏人滿意地取得我們的基本人權，則我們不會看不出與漢人共同生活所可能帶來的好處。

我以期望作為結語，說我相信中國領導階層的遠見和智慧，希望他們會考慮目前的國際政治變化，以及和平解決西藏問題、促進兩個毗鄰的民族之間長遠友誼的需要。

與此同時，中國政府在一九九二年九月出版了一份白皮書，名為《西藏的主權歸屬與人權狀況》（*Tibet: Its Ownership and Human Rights Situation*）。這份文件大篇幅誤導性地談論西藏歷史，謊稱西藏一直都是中國的一部分，顯示中國領導人在面對中國在西藏存在的正當性問題時，抱持著自我防衛心態。這份文件提出一系列反對西藏獨立的論辯，宣稱「達賴集團和國際反華勢力大肆鼓吹的所謂西藏獨立，不過是近代歷史上帝國主義侵略中國的產物」。令人震驚的是，這份文件還進一步主張「還有一個極大蠱惑性的謊言是說漢人大量移民，使西藏的藏族成為少數民族」，斷然否認每個獨立觀察家都承認的事實，他們認為這是造成西藏人民怨恨的主要來源。

一九九三年五月二十三日，拉薩爆發超過一千位在家人參加的抗議，一開始時是針對物價上漲，但是很快就變成獨立問題。這些示威導致殘酷的鎮壓以及大規模的逮捕行動。導火線之一顯然就是愈來愈多的中國移民湧入拉薩。一九九四年，當共產黨在北京召開第三次西藏工作座談會時，推行了一套新的鎮壓政策。其中包括增加安全控制機制的經費，以及新一波針對我個人的惡毒攻擊。例如說，他們的一份官方文告中有以下指控：「雖然有時候達賴花言巧語欺騙大眾，但他從未停止過分裂祖國的行動。」接著指稱：「我們反對分離主義的區域鬥爭焦點就是反對達賴集團。如同諺語所言，殺蛇要先斬首。」該文告也敦促西藏境內的僧團要棄絕達賴喇嘛，文中聲稱：「我們必須以各種手段堅決阻止達賴集團影響西藏的僧尼。」這份文告發布時，也附帶完全禁止我的任何照片或肖像，不管是在西藏境內的公共空間或是個別家庭都一樣。實際上，某種加諸於西藏的意識形態的灌輸（特別是在教育領域），是從文化大革命以來前所未見的。拉薩的共產黨領導人這麼說：

> 如果繼續維持舊文化和傳統，民族教育就不能算是成功……教育工作的本質即是為社會主義的道路培育合格的建造者和繼承人，這是民族教育的唯一目的。

像這樣的官方文告，針對西藏認同、文化與傳統的實際壓迫政策，以及西藏高原的大規模人口改變，使得我心生警覺，不得不說，不論是出於自願或被迫，發生在西藏境內的狀況，是一種文化滅絕。

10 痛苦時於我有益的修行

讓我在此暫停一下，思索當我們面臨令人望而生畏甚至感覺無助的處境時，如何堅持我們的決心。當看不到盡頭的可怕痛苦襲來，感到灰心喪志是人之常情。這是西藏境內的藏人心境，也是諸多在壓迫政權下渴望自由者的體驗，必然也是一九八九年在北京遭受鎮壓的眾多學生心中洶湧難抑的感受。一九五〇年其後數年當中，我心中也多次生起類似的感受，必須修持保有希望的心情。

以下是在我個人日常中發現有益的修行方法。首先，我提醒自己，在重要的旅程中都難免遭遇困難，因此防範於未然乃事關重大。如此一來，當我們遇到困境時，就不會因為事出突然而驚慌失措。如同西藏諺語所言：「期待有最好的情況發生，為最糟糕的狀態做好準備。」

痛苦和麻煩是人生中無可避免的；問題在於我們如何因應。面對天災所造成的災禍，儘管遭受重創、喪失性命，但我們大多都能應對痛苦，不至於被失敗主義或怨懟打倒。這些悲劇也會激發人性中最良善的一面，人們自發地以慈悲心回應。然而，人禍卻是人類自作自受的直接因，這類痛苦更難以承受、需要耗費更多力氣處理，還存在著落入絕望和怨恨，或是以暴制暴的風險。不幸的是，人類總是很容易重蹈覆轍。此時的關鍵是永遠不要遺忘我們共有的人性，行凶犯罪者、受害人和我們自身都有共通無別的人性。正是基於這個原因，我總是敦促我的西藏同胞，要防止對中國人產生仇恨心。

我在第一次舉辦一九五九年人民起義的週年紀念日時，曾經告訴我的西藏同胞，儘管我們必須反抗中共的行動，但我從來就無法憎恨中國人。我說，特別是從我們爭取自由的角度來看，怨恨整個民族將會削弱我們，而非增益。我同時也提醒他們，當佛陀談到仇恨只會引發更多仇恨時，並非只是給予修行上的教導，同時也給予了務實的勸告。我衷心以為，基於仇恨的行動，不論動機如何高尚，終將會摧毀未來長久解決之計的基礎。事實上，在佛教的教導中，特別強調要把給你製造麻煩的對手視為自己修行時的老師。不管動機為何，他們提供了你修習安忍與慈悲的機會。對手是最有價值的老師，這是在生活中可加以驗證的事實。朋友雖然可以在許多方面提供幫助，但只有對手能提供我們挑戰的機會，發展本質上能培養內心平靜、帶來真正快樂的美德。

就我個人而言，身為一位大乘佛教（一個我稱之為梵文傳統的佛教體系，為藏傳佛教與漢傳佛教所共有）的追隨者，我對中國這個歷史悠久的國家，在保存佛教上的貢獻心存深刻感激。佛教傳到中國的時間大約比傳到西藏還早了四個世紀。今日，許多在原本梵文本已佚失的典籍仍存留於中譯經典中，例如五世紀著名的佛教因明學家陳那論師的著作《因門論》（*Hetumukha*）。在西藏大藏經中的甘珠爾（*Kangyur*，佛陀教言的翻譯）和丹珠爾（*Tengyur*，論典的翻譯）中，有一些重要的典籍是從中文翻譯過來的。由韓國僧人圓測針對著名大乘經典《解深密經》（*Samdhinirmocana Sutra*）所寫的中文注釋在西藏佛寺中備受推崇。有不少大乘佛教的宗派在中國興起、發展、茁壯繁榮，例如天台宗、華嚴宗、三論宗、淨土宗和禪宗。令人讚賞的是，只有在漢傳佛教中還保有為女性傳具足戒的比丘尼法脈，可以一路追溯到佛陀的時代。這個持續存在的女性具足戒傳統讓我感到歡喜。過去多年以來，我在臺灣或西方世界見過許多出家僧人，其中，禪宗大師聖嚴法師與漢傳律宗大師道海長老最能啟發我，使我有感於漢傳佛教的豐富內涵。我有幸與二位大師就藏漢兩大傳承進行正式的對談，與聖嚴法師在紐約也舉行過一次。我甚至有個願望，想要與道海長老一起參訪五台山的佛教聖地，這樣我們就可以用中文、藏文與梵文唸誦龍樹菩薩著名的《中論》，這是一部藏傳與漢傳佛教都很看重珍視的論典。

更不用提，不屈不撓前往印度尋求佛教典籍與修行傳統的中國朝聖遊學者，他們的勇氣與精神一直是我所感佩的。從四世紀末期的法顯到七世紀中期的玄奘、七世紀晚期的義淨，這些脫俗超凡的僧人為了佛法而冒險犯難。中國僧人有一件值得大書特書的事——留下鉅細靡遺的旅行記述。在這些朝聖遊學者中，玄奘的長久貢獻已為普世所認可。中國文學中非常有名的西遊記便是以他的故事為靈感來源。這必須很大程度歸功於《大唐西域記》——大量記錄他的旅途見聞，以便在他返回後正式呈獻給唐朝皇帝的作品，許多與佛陀一生、與印度佛教史相關的重要地點，例如那爛陀大學，才能在日後被重新發現。今時今日，從世界各地而來的千百萬佛教徒方得以到這些地方朝聖、瞻仰。因此，我一直對歷史悠久的中國及其人民懷有深刻景仰與敬意。

其次，我發現採取更寬廣的角度看事情是很有幫助的，我們之所以會有難以承受或是無力應對的感覺，通常是因為太緊盯問題不放而產生的。如果把手掌貼著眼睛，就無法看清手掌。近距離觀看，視角會一成不變，觀點過於狹隘。反之，如果我們能把特定問題置於更為廣大的脈絡之中，就可以洞悉其複雜性，包括其因、果與相互的關聯性，因而可以選擇一個更貼近事實的行動路徑，有更多成功的可能性。更廣闊的視角同時也容許我們以正確的輕重緩急看待任何問題，使得先前看似難以克服的問題變得能夠處理，認知到不管發生什麼事，都可以正面看待。抱持這種更廣闊的觀點，也使得我們有機會看到特定困境所能帶來的契機。如同我經常提到的說法，成為一個無國籍的人，使我更能看清楚事實的真相。當你是個難民時，是沒有空閒在意典禮儀式或虛應故事。如果我還待在拉薩，擔任獨立西藏的神權政體統治者，身為被囚禁在所謂「金籠」裡的神聖達賴喇嘛，今天的我可能會是一個截然不同的人。但是作為一個離鄉背井的難民，我得以會見不同背景、各行各業的人們，從同修到科學家，從社運人士到政治領袖，從藝術家到工程師。我特別珍惜能與科學家建立友誼、深入對話的福分。我認為我的藏傳佛教傳統也同樣因我流亡在外而獲益甚多。現今，我們已經成功地為尼眾設立了格西瑪學位（Geshema degree，佛學博士），把正式的科學教育引進佛寺，就心智的探討及心智工具的種種應用，與科學家進行持續的對話與合作，以促進心理健康。重點在於，倘若不採納更廣大的視野，卻選擇執著於我們的損失，我們就不會有意志與意圖，探索悲劇發生後所開展的機會。

第三，不管事情看起來有多糟糕，仍必須選擇積極樂觀的基本態度。與其相反的悲觀主義，其問題在於什麼都還沒有嘗試之前，就已經選擇放棄。當然，樂觀主義必須建立在對事實的瞭解、尋找最佳解決辦法的明智眼光之上。以西藏為例，這是關乎生存的問題，我們沒有放棄的餘裕，那是悲觀主義的心態。

第四，認可並對過去的成功心懷感激是很重要的，不管有多麼微小，因為這對自我鼓舞、激發持續前行的動力是不可或缺的。如果我們在面對挑戰時想獲得成功，就絕對不能失去希望，並且必須一直保持希望。有了希望，才有勇氣去關心，也才有勇氣去行動。

最後，不管發生了什麼事，我們永遠不可以對人性失去信心。這裡的關鍵是要保有關懷他人的本能，即使面對的是有可能傷害我們的人，也絕不背離共通的人性。就我個人來說，我發現內在的基本利他主義傾向，是我最大力量與勇氣的來源。每天早晨當我醒來，我提醒自己，我只是這個地球上幾十億人口中的一個。我們都一樣，每個人都希望離苦得樂。身為社會人，我們尋求與他人產生連結，經由他人找到歡喜快樂。世間並不存在僅僅涉及一己之利而與他人無關的事物，因為我們的福祉與他人的福祉息息相關。把這些想法謹記在心，我會唸誦八世紀佛教大師寂天菩薩的偈頌：

所有世間樂，
悉從利他生。

一切世間苦，
咸由自利成。
若不以自樂，
真實換他苦，
非僅不成佛，
生死亦無樂。
乃至有虛空，
以及眾生住，
願吾住世間，
盡除眾生苦。

唸誦這些偈頌帶給我深刻的鼓舞，並且在日常生活中增強我的決心。

我們都一樣是人類，共享這個小小星球。在人類漫長的歷史洪流中，我們恰巧同時誕生於此。一生至多不過一百年。以我們星球的悠久歲月而言，這不過是電光石火。最重要的是，我們利用這短暫的生命做了什麼。如果我們背離了共通的人性，捲入紛爭與分裂之中，並且造成傷害，那就浪費了我們的寶貴生命。如果我們選擇關心別人，包括我們的人類大家庭與脆弱的星球，則會讓生命過得有意義。因此，當此生的最後一天到來時，我們可以回顧此生而不感到遺憾，並且覺得在地球的這一生活得很有價值。

11 千禧年的盡頭

中國在西藏境內政策漸趨強硬的結果之一，除了使西藏百姓心生恐懼之外，就是在選擇新的班禪喇嘛時釀成悲劇。我衷心希望，經由和西藏境內的札什倫布寺聯手，也就是透過札什倫布寺與中國當局合作，我可以幫忙尋找班禪喇嘛的轉世。一如其他西藏重要喇嘛，班禪喇嘛轉世的認證在藏傳佛教中是具有重大宗教意義的事情，而從中國當局的觀點來看，班禪喇嘛的「官方選擇」可能具有政治意義。一九九一年二月，藏曆新年的第三天，我做了一次有關班禪喇嘛是出生在西藏境內或境外的占卜，結果顯示他出生於西藏境內。因此，在一九九一年三月，我透過新德里的北京大使館去信北京，表達願意為尋找新的班禪喇嘛提供協助。自從十七世紀第四世班禪喇嘛洛桑確吉堅贊（Lobsabg Chogyi Gyaltsen）認證第五世達賴喇嘛以來，達賴喇嘛與班禪喇嘛在相互認證轉世上都扮演重要角色。有鑑於這個傳統，各地的西藏人、喜馬拉雅山區域和班禪喇嘛體制有歷史關聯的藏傳佛教團體都陸續和我聯絡，要求我認證新的班禪喇嘛，因此，從歷史與道義角度而言，幫忙尋找班禪喇嘛自是我的責任。

一九九三年七月十七日，札什倫布寺的住持恰扎仁波切（Jadrel Rinpoche）負責主持尋找轉世靈童的事務，他在北京遇到我哥哥嘉樂頓珠，交付一個請求我在過程中協助尋找的卷軸。我很自然地假定恰扎仁波切此舉是得到中國領導人的完全授權，於是我邀請他到達蘭薩拉會面商談。雖然他無法前來，但在一九九四年年底，我從恰扎仁波切那裡收到一份經過仔細挑選、列有二十多位靈童人選的名單。他同時也告知我，他和尋訪團隊認為人選中的更登確吉尼瑪（Gendun Choekyi Nyima）是真正的轉世。根據這個訊息，我做了幾次占卜以及其他傳統程序，像是徵詢神諭，欣然得出相同的結果。

經由祕密管道，這個訊息在一九九五年二月傳給恰扎仁波切，並附帶一篇我為年幼的十一世班禪喇嘛寫的長壽祈願文。我希望他能夠在北京的政局中安然執行任務。在藏傳佛教中，喇嘛轉世純粹是宗教事務，然而被認證的靈童身處中國控制下的領土，但願中國領導人會接受恰扎仁波切及其團隊的選擇。我也私下寫了一封信給當時在西藏色拉寺的高階僧人耶喜旺秋格西，說明自己的觀察和尋訪團隊推薦的人選一致，我為此深感欣慰。我把我為新班禪喇嘛寫的長壽祈願文複本寄給他，並且請求耶喜旺秋格西運用他的影響力，向中國當局保證，新班禪喇嘛的父母從來沒有和我聯繫過。我同時也告訴他，我會暫時祕而不宣我的觀察結果。

很不幸地，一九九五年三月，中國政府堅持要將三至五個名字置入金瓶，以金瓶掣籤的儀式認定，而非核准正確的轉世。[1]這讓我陷入左右為難的局面。他們很可能會選出錯誤的人選。因此，在經過多次占卜之後，我得出一個結論，我必須向全球的藏傳佛教徒昭告我認證班禪喇嘛的占卜結果。所以在一九九五年五月十四日（藏曆四月十五滿月日），我正式宣布我接受更登確吉尼瑪為第十一世班禪喇嘛。前一天，我透過哥哥嘉樂頓珠，事先通知中國政府我將做此事。選擇那一天做出這個重要宣告，是因為根據時輪金剛密續，也就是和班禪喇嘛有特殊因緣的佛教重要教法修行體系，那天是個吉祥日。我確定我的正式宣布有送至新德里的中國大使館，也同時寄送一份副本給西藏境內

1　北京領導人也許是想透過金瓶掣籤以訴諸「權威」，此一慣例乃於十八世紀末由清朝皇帝乾隆首先引用。要記得有關「金瓶掣籤」的兩個重要歷史事實：首先，這是由虔信藏傳佛教的乾隆所引用的，在聖像之前，把候選人的名條揉入糌粑團，然後放進金瓶之中搖動。金瓶本身並不具有任何意義。乾隆這麼做的重要原因之一在於，避免在認證地位崇高的西藏喇嘛時，有貪腐與不必要的派系紛爭介入。其次，即便是用在班禪喇嘛與達賴喇嘛認證時，亦即選擇第八世與第九世班禪喇嘛，以及第十世和第十二世達賴喇嘛時，儀式色彩遠大於實質性。真正的認證都是經由西藏傳統的占卜和其他方法完成的，特別是徵詢神諭。不論如何，對共產中國這個公開宣稱其為無神論的國家而言，援引此一慣例來認證班禪喇嘛是不合邏輯的。

札什倫布寺的恰扎仁波切以及尋訪團隊。對我而言，確認班禪喇嘛的轉世，是攸關保存藏傳佛教完整性的大事。一旦我確信這位新班禪喇嘛的真實性，亦即這位由他自己的佛寺組成的官方尋訪團所選定的人選為真，就無法想像會有其他任何人選獲得認證了。

遺憾的是，此事的結果相當糟糕。恰扎仁波切被監禁了六年，札什倫布寺也遭到嚴重的侵擾，並有三十多位僧人被捕。直至今日，我始終沒能聽說恰扎仁波切的消息，也不知道他的下落，即便他應該已經要獲得釋放。他不僅奉獻心力服侍尊貴的前任班禪喇嘛，更努力確保班禪喇嘛的轉世得以依據藏傳佛教的傳統被認證。再者，他竭盡全力讓北京領導人核可他所領導的尋訪團隊的工作，為此，他讓北京知曉找尋過程的所有階段。正因為這樣，看到他如此誠摯努力，卻蒙受這麼多苦難，不免感到傷心。更登確吉尼瑪不過是個六歲大的小男孩，他和他的家人都被拘留扣押，新轉世的班禪喇嘛因而成為世上年紀最小的政治犯。至今他依然下落不明，也許這是中國共產黨有史以來保守得最為嚴密的祕密之一。有些中國人，包括一個極有見識的人告訴我，更登確吉尼瑪一直被軟禁在中國大陸某個軍事營區。中國當局隨後挑了一個名叫堅贊諾布（Gyaltsen Norbu）、父母都是共產黨黨員的人選，把他推到札什倫布寺擔任新的班禪喇嘛。大量中國士兵也跟著進駐寺院所在地日喀則。這兩個男孩的悲慘遭遇令我難過不已。我們知道真正的班禪喇嘛不見了，而西藏人和中國佛教徒則用「假班禪」或「漢班禪」稱呼這個被中共領導人選上、在札什倫布寺坐床的男孩。直到今天，更登確吉尼瑪的照片仍然被禁止刊登。

一九九六年十一月，中國國家主席江澤民到印度進行為期八天的官方訪問。明知我不可能見到他，我仍趁機發表一份聲明，呼籲他徹底改變中國在西藏境內的壓迫政策。一九九七年二月十九日，中國最高領袖鄧小平去世了。我在同日發表的聲明中表示，未能在鄧小平有生之年，就西藏問題展開重要協商，我深感遺憾，並希望現在能有機會重啟談判。我在寫給江澤民的悼念信中說：

> 我很遺憾，在鄧先生的有生之年，我們無法展開關於西藏問題的實質性談判。但我深信，鄧先生的去世給藏人和漢人帶來了新的機會和挑戰。我非常希望，在您的領導下，中國政府能夠發揚智慧，以和解和折衷的精神，透過談判解決西藏問題。至於我自己，我仍然堅定地相信，我們之間的問題，只能在誠懇和開放的氣氛中，透過談判解決。

因為鄧小平一開始對我哥哥說了「除了獨立之外，其他任何事都可以協商」，我便一直希望在他的領導之下，我們可以有所突破。無奈事與願違。

鄧小平的死揭示了一個時代的結束，他是最後一個統治中國的共產主義革命元老，也是我個人親身認識的最後一位高層領導人。他承擔起開放中國的重責大任，在他的領導之下，經濟發展有了長足的進步，千百萬人脫離貧困，特別是擺脫了大躍進所造成的饑荒和文化大革命的苦難。但也就在鄧小平的看管之下，中國人民解放軍在天安門廣場開火射殺自己的人民。

一九九七年三月，我有幸首次訪問臺灣，我的官方邀請單位是臺灣的中國佛教會與政府。以蔣介石為首統治臺灣的國民黨，在毛澤東率領的共產黨於一九四九年奪取中國大陸後，逃到這個島嶼。由於國民黨自視為中華民國政府的延續者，儘管已經離開中國大陸，仍在當時主張擁有中國大陸全部領土以及西藏的主權。我受到臺灣總統李登輝的官方接待，這表示臺灣對西藏地位的「官方立場」有了軟化的傾向。我訪問臺灣，特別是與臺灣總統會面，不用說必然激怒北京，他們指控我和臺灣串通要顛覆中國。對我個人而言，這次訪問最難忘、最有價值的部分在於，有機會與許多信受奉行佛法的漢傳佛教徒見面，他們可以免受國家干預，自由地實踐自己的信仰。二〇〇一年，在陳水扁總統的正式邀請下，我第二次訪問臺灣。並在那時有機會和蔡英文見面，她後來當上臺灣的總統。這是臺灣放棄宣稱擁有西藏主權的開端，居住在印度的無國籍西藏人後來得以使用印度旅行證件取得入臺簽證，蒙藏委員會原本負責處理西藏人和在內蒙古的蒙古人事務，也在之後遭裁撤。[2]二〇〇九年，我最後一次應臺灣邀請，到訪臺灣南部地區，在一次巨大颱風造成重大災難和傷亡的災區祈福撫慰人心。

作為我一貫徵詢西藏人民意見的方式之一，一場重要的集會於一九九七年九月召開，用以回顧我們與中國政府對話的立場。如同我經常說的，到頭來，選擇自己的命運的是西藏人民，而不是達賴喇嘛或中共政府。在這個會議的總結之時，西藏人民議會通過了一份我稱之為中間道路的正式闡述文告。主要重點如下：

- 西藏流亡政府將不尋求獨立，而是將西藏三區的所有藏族都置於一個統一的政治實體中。
- 這一實體必須具有名副其實的民族區域自治自主的地位。

2　這裡的蒙藏委員會係指中國國民政府時期設立之蒙藏委員會的延續。

- 這個區域自治應該是由人民根據民主程序、通過人民選舉產生的議會和政府所主導。
- 在中國政府接受上述內容的同時，西藏將不會尋求分離並作為中華人民共和國的一部分而存在。
- 中華人民共和國中央政府負責西藏的政治外交與國防。而西藏的宗教、文化、教育、經濟、衛生、生態環境等有關的事務則完全由西藏人自己主導負責。
- 為瞭解決西藏問題，由達賴喇嘛負責與中國政府進行真誠的和談與和解工作。

一九九八年二月，中方做出回應，中華人民共和國國務院新聞辦公室發表了一份名為《西藏自治區人權事業的新進展》的白皮書，顯露具侵略性的公共政策。這份文件的結論是：「流亡在外的達賴……竭力掩飾，卻對新西藏的發展、進步百般詆毀和攻擊。」接著又說：「達賴肆意編造謊言，違背和踐踏這一戒條，這只能向世人暴露其打著宗教旗號進行分裂祖國活動的本來面目。」

與此同時，我所能做的就是竭力鼓勵中國走入主流國際社會。我自那時起就深信，唯有開放中國，才能符合中國人民的最大利益，現在我還是這樣想。每每討論或辯論美國應否給予中國貿易最惠國待遇時，我總是表示支持。事實上，我寫信給美國參議院外交事務委員會主席，表達我個人鼓勵給予這個待遇。至於我們與北京領導人的直接聯繫，自一九八九年以後，有許多年都沒有實質的進展了。話雖如此，但當時我的特使嘉日洛迪、格桑堅贊（Kelsang Gyaltsen）和中國國家主席江澤民的密使，的確在香港與泰國清邁密會了幾次。一九九七年九月二十八日，美國參議員黛安．范斯坦（Dianne Feinstein）、她的丈夫美國商人理察．布魯姆（Richard Blum），兩人與中國國家主席見面時，熱心地為我轉交一封信給江澤民，這件事發生在柯林頓總統與江澤民在北京舉行高峰會的幾個月之前。

在北京的新聞記者會中，柯林頓透露他們討論到西藏問題，他敦促要恢復對話。江澤民表示：

只要達賴喇嘛公開聲明並且承諾西藏是中國不可分割的一部分，同時他也必須承認臺灣是中國的一省，那麼對話與談判的大門就會打開。實際上，我們跟達賴喇嘛有一些溝通管道。因此，我希望達賴喇嘛在這方面做出正面的回應。

這是中華人民共和國的領袖第一次公開談論西藏問題，並且提及實質對話的可能性。針對江澤民的第一個條件，他知道我在一九八八年斯特拉斯堡歐洲議會演講時就已經公開聲明放棄追求獨立。至於第二個條件，坦白說，臺灣問題和西藏以及我們的事業全然無關。江澤民也許有誠意要跟我的特使聯絡，但他在中共中央政治局得到多少程度的支持，則不清楚。

動盪不安的一九九〇年代臨近尾聲時，有件意想不到的好事發生。藏傳佛教噶瑪噶舉派的領袖，年僅十四歲的噶瑪巴，從西藏逃到印度，在二〇〇〇年一月五日突然抵達達蘭薩拉。我認識他的前世第十六世噶瑪巴，在一九五九年流亡的西藏精神領袖高層中，他是其中一位重要喇嘛。我非常高興地歡迎新噶瑪巴鄔金欽列（Ogyen Trinley）的到來，並且盡其可能地在各方面協助他及其隨從，對安排他的教育相關之事更是不遺餘力。

12 最終對話

二〇〇一年，六十六歲的我做了一個重大決定，那就是在西藏流亡社群的政治體系中選擇進入半退休狀態，並且移交西藏政治領導的行政權力。西藏流亡行政機構的首長將首度由人民直接選舉產生，這位領袖會提名他／她自己的內閣。在建立西藏人民議會（等於民選國會）以後，我覺得這是我們的行政體系邁向完全民主化的另一個里程碑。為了把這個改變加以制度化，我們在二〇〇一年六月十四日修改了西藏流亡藏人憲章（Charter of Tibetans-in-Exiled）。在這個新結構之下，顙東仁波切教授（Professor Samdhong Rinpoche）成為首位直接民選的行政領袖，其頭銜為噶倫赤巴（Kalon Tripa，內閣總理）。

此事背後的思考是，如果西藏問題未能在我有生之年解決，就必須把我們追求自由的運動予以制度化，如此一來，這個運動就可以延續長久、生生不息。當然，只要我還活著，仍會盡己所能、全力以赴。然而，我一直相信，過度依賴一個人是不牢靠的，特別是事關整個民族的命運。坦白說，我有時候會覺得西藏人太依賴我了。

二〇〇二年一月二十二日，在北京的提議下，我的特使嘉日洛迪與統戰部（中共轄下機構，負責處理與被中國視為「少數民族」的人民的關係）的官員在加拿大渥太華會面。我們與北京對談的新階段就此展開，總計共有九輪的正式討論，最後一輪對談在二〇一〇年一月結束。在整個過程中，我們的代表與我、噶倫赤巴額東仁波切緊密合作。

我們知道，最初幾次會面，雙方應該先致力於建立個人關係與信任。我的代表團共有四位成員，由我的兩位特使嘉日洛迪與格桑堅贊負責率領，中國的對談代表是由統戰部派遣的任務小組。當時北京取得二〇〇八年夏季奧運的主辦權，也就不難理解，在與我們會面時，北京代表更關心的似乎是確保奧運得以成功舉辦。二〇〇五年，在瑞士伯恩（Bern）中國大使館舉行的第四次會談中，我的特使努力說服中方對談代表考慮我提出的中國朝聖之旅，特別是我一直想參訪的五台山聖地。

一個重要理由是，依據西藏的傳統，我很快就會遇到所謂的「凶年」，傳統習俗的做法就是以朝聖祓除任何潛在的災厄。[1] 他們也提出，希望可以准許身在印度的西藏流

1　西藏的傳統相信，根據某人的出生年分，在特定的歲數可能會更容易受到疾病與其他逆境的傷害。

亡社群中的些許僧人低調前往，在拉薩大昭寺的聖像以及西藏不同的寺廟與聖地獻供，以祈求我的健康。特使同時表示，這類私人訪問也許是個機會，可以讓我和北京領導人直接分享西藏人民的心聲。中國代表團回應，這是國家大事，他們無權做出任何決定，但會把這個建議回報給北京領導階層。遺憾的是，這個建議最終不了了之。

儘管這些對話的確是得以坦誠交流的機會，我們也提出一份正式文件，扼要說明我們所謂的西藏人民在中華人民共和國內名副其實的自治，可是我們一直無法和比統戰部更高層級的領導階層進行實質對話，意味著我們無法與真正有決定權的人士或政府機構談判。在第七與第八次會面之間，北京奧運舉行了。當全世界的注意力都集中在中國，特別是國際媒體自籌辦階段就一直投以關切，許多在自由世界的西藏人和同情支持者抓住機會，針對西藏境內發生的事情，以及我們與北京之間的對話並沒有明顯的進展表示抗議。

那年的一九五九年三月十日拉薩人民起義週年紀念日，同樣也爆發了自發性抗爭，並且迅速延燒到整個西藏高原。事實上，在二〇〇八年三月十日那一天，當我首次聽到來自拉薩的訊息，說有數百名哲蚌寺僧人走向市中心，要求宗教自由，我非常擔心，立刻為他們祈求平安。隔天也有些色拉寺的僧人遊行抗議，要求釋放前一天被拘禁的眾多僧人。接著包括甘丹寺在內的其他寺院僧尼開始朝拉薩遊行，加入抗議行列。警察回以殘暴手段，逮捕了許多人。殘酷對待僧尼的方式點燃了西藏長期遭受壓迫統治所埋下的導火線。三月十四日有一場大型抗議，要求釋放僧尼出家眾。當天，警察重新整隊，軍人也加入其中，使用催淚瓦斯、機關槍和裝甲運兵車。從三月十四日開始，自發性的抗爭蔓延到安多與康區（西藏東北與東部），一直持續到整個四月。

傳遞奧運聖火期間，在許多國家都發生了國際性的抗議，表達與西藏人民團結在一起。首先是在二〇〇八年三月二十四日，北京奧運籌委員會主席在雅典點燃聖火典禮上的致詞遭打斷。許多世界領袖呼籲中國當局保持克制，並且重申支持我們已經啟動的對話進程。然而，北京方面不但沒有進行評估、反思西藏人何以有此反應，中國官方宣傳機關反而怪罪到我個人身上。他們指控我煽動西藏境內的抗爭。二〇〇八年三月十八日，西藏的共產黨領導人說：「達賴是一隻披著袈裟的豺狼，是人面獸心的惡魔……我們正在同達賴集團進行著一場血與火的尖銳鬥爭，進行著你死我活的敵我鬥爭。」

中共總理溫家寶訪問寮國期間（對國際媒體說話時），敦促我平息西藏境內情勢。我在回應時提出與中國領導人胡錦濤直接面談的要求，但是沒有得到回音。與此同時，中共的國營電視台在全中國播報，把藏人的抗爭說成對漢人的攻擊，這些宣傳引發中國境內歧視藏人的種族主義，釀成悲劇。我聽說許多歧視藏人的故事，例如旅館拒絕出租房間、鐵路或航空公司等公共運輸拒絕售票，還有藏人在公園被吐口水。中國官媒不經意地成功創造了一個憤慨的藏人世代，他們永遠不會忘記親身遭受公然的種族主義對待。

儘管中國政府在應對藏人的自發性抗爭時，其官方反應是如此殘酷嚴厲，但令人為之激勵的是，在中國大陸的許多中國人，包含知識分子與作家在內，史無前例地展現了支持與同情。有超過一千篇的中文文章在中國內外表達他們支持西藏自由運動，要求政府與我進行實質對話。零八憲章（二〇〇八年十二月在中國發表的人權宣言）的其中一位起草人劉曉波也有撰文，由於長期以非暴力的方式致力於爭取中國的基本人權，二〇一〇年他得到諾貝爾和平獎。且看看中國作家發表的某些文章題目，〈聯邦制：解決西藏問題的最佳方案〉、〈中間道路是治療民族矛盾的良藥〉、〈達賴喇嘛的中間道路是解決西藏問題的正確路線〉，無疑展現了對我們解決西藏問題方法上的支持。

在那期間，我也提出了一連串訴求。我力勸藏人要實踐非暴力原則，不論處境有多悲慘，都不要對這條道路心生動搖。我也提醒他們，打從一開始我就支持北京主辦夏季奧運，我也要求藏人不要阻撓賽事，因為我瞭解，對於這個全世界人口最多的國家而言，主辦奧運是一件極為驕傲之事。（事實上，當我二〇〇七年十月獲邀在美國國會金質獎章典禮上致詞時，我提到我一直鼓勵世界領袖們要跟中國交流往來，我也支持中國加入世界貿易組織、授予北京夏季奧運主辦權。）我再次強調，我們的抗爭是針對中華人民共和國的領導階層，不是中國人民。我們不應該造成誤會，或是做出傷害中國人民的事。

對於全世界的漢人兄弟姊妹們，我請求他們支持我對於結束西藏境內殘暴鎮壓的呼籲，並且協助消除漢藏兩大族群之間的誤解。我強調漢人與藏人都傳承了大乘佛教的精神，我們崇敬佛陀的慈悲，也都以慈悲對待一切受苦眾生作為最高精神理想之一。我憂心在漢藏民族之間有日益增長敵意的危險，提議生活在世界各地的藏人要成立漢藏友好協會。這些協會可以邀請住在同一城市中的漢人參加藏人的節日慶典，一起聚餐分享食物。

與此同時，我指示我的特使再次聯絡中國的對接單位，尋求會面。化解西藏境內的情勢是刻不容緩的事，我要趕快敦促中國領導人調查這些遍地開花的抗爭的確切原因、認真看待藏人真正的不滿。我們的倡議促成我的兩位特使和中方於二〇〇八年五月在深圳的非正式會面。在這次會面中，雙方同意在二〇〇八年七月於北京召開第七輪正式談判。不久，二〇〇八年五月十二日在四川阿壩藏族羌族自治州發生大地震。聽到這個消息，流亡藏人團體，包括達蘭薩拉的大昭寺，都為地震的受難者舉行大型祈福法會。我個人也經由國際紅十字會與紅新月會捐款給救難基金。該月，當我訪問倫敦時，當地的中國大使館態度親切有禮，允許我的祕書在大使館內替我在悼念書上簽名，表達我與受難者同在。

有關漢藏之間的對話，在第六輪結束時，我感到相當挫折，因為我們只是一直在繞圈圈，始終停留在談判前的談判。西藏有句俗語：「你的腳步應該有助於你的旅途。」因此，在第六輪會面結束後，我要求我的團隊提出一份迄今為止對談的分析報告給我。在那個階段，他們還抱有希望，覺得在辛苦聽取各自的抱怨與關切之後，也許已有進入實質討論的空間了。

因此，第七輪會面於二〇〇八年七月在北京舉行。這輪對談開始時，我的特使向對方表示，現在我們的討論應該觸及實質議題了，他們也分享了我與藏人團體日漸增加的挫折感和焦急。我們被要求在下一次會面時，就我們對於自治程度和形式的看法提出正式的聲明。

儘管我們的立場多年來一直都很明確，還是準備了一份名為《有關全體西藏民族實現名符其實自治的建議》的正式文件，於二〇〇八年十月三十一日第八輪對談時提出。我們重申不追求分離或獨立的承諾，而是尋求和中國憲法裡自治原則相容的實質自治，以解決西藏問題。有鑑於我們的基本目標是保護西藏人作為一個擁有自身獨特文化、語言、宗教的民族，我們建議的要點是尋求一個所有藏區都能享有相同形式的保護與治理的架構。我們也強調，如果我們的自治是名副其實的，那就必須包括在中國境內之地的地方自治權。

這份文件在格式與用語方面都小心謹慎地尊重中華人民共和國憲法和民族區域自治法。我們要向北京保證，我們真心相信可以在中華人民共和國的現存架構中實現我們的目標，就我們的瞭解，這和他們的憲法完全並行不悖。

即使中共知道《有關全體西藏民族實現名符其實自治的建議》代表的是我們嘗試提出正式討論基礎的誠意，北京還是選擇做出負面的回應，包括在與我們會面不到兩週後的十一月十日發表公開聲明。他們指控我們「分裂民族」、「為今天『西藏獨立』或『半獨立』、『變相獨立』尋找法理依據」。他們強調，「西藏獨立、半獨立或是變相獨立的門絕不會打開。」（中國其後在二〇〇九年又重複了同樣的評論，為了紀念一九五九年後的五十週年，發表名為《西藏民主改革50年》的白皮書，其中宣稱：「達賴集團搞『西藏獨立』沒有出路，打著『高度自治』旗號謀求半獨立、變相獨立也沒有出路。」）但是我們所尋求的自治並不是中方所宣稱的中華人民共和國民族自治法之外的某種「高度自治」。

有鑑於北京一開始的負面反應，依據西藏流亡藏人憲章，我們在二〇〇八年十一月十七日至二十二日召開一場為期五天的特別會議，討論我們與北京正在進行中的對話。近六百位來自世界各地的藏人團體、重要部門的代表於商議過後，我們的中間道路再次獲得壓倒性的支持。

一個月後，我於二〇〇八年十二月四日在布魯塞爾的歐洲議會發表演講，回應中國的批評，強調我們從來沒有將非藏人逐出西藏高原的意圖，而是針對以漢人為主、包含其他少數民族的人口大規模移入藏區各地一事表示憂心，因為這使得當地藏人居民被邊緣化、西藏脆弱的環境遭受威脅。看到我們的建議引來如此無理且過度的負面反應，我不得不抒發我的挫折感，說道，雖然我對中國人民的信心從未動搖，對中國政府的信心卻日益減少。

北京對這份建議的官方回應令人深感失望。從二〇〇二年開始的幾輪談判下來，中方從未提出任何一個實質建議。先不論他們對我方建議的立即、刻意攻擊，我們假設他們或許有所誤解，還是準備了一份有關建議的闡釋，以回覆他們的反應與說法。在這份澄清的闡釋中，我們也提到了中方所謂不可逾越界限的「三個堅持」：一、堅持中國共產黨的領導；二、堅持中國特色社會主義制度；三、堅持民族區域自治制度。我們在二〇一〇年一月的第九輪討論中提出闡釋文件，不料對談竟就此結束，此後也不曾再恢復正式對話。

＊

二〇一一年三月十九日，年屆七十五歲的我公開宣布我決定完全退休，因而完成了從二〇〇一年開始的權力移轉過程，西藏流亡社群首次直接選出完全執政的領袖。我說，由國王和宗教人士主政已經不合時宜，我們必須順應自由世界的民主潮流。再者，身為第十四世達賴喇嘛，由我主動地、快樂地、驕傲地結束達賴喇嘛的世俗權力，那是再適合不過了，如此一來，由民主選舉產生的領袖就可以承接這個角色。同年五月二十九日，我們完成了必要的準備，包括修正西藏流亡藏人憲章，把這個根本性的改變加以制度化。西藏人民議會召開一次特別會期，事先完成憲章的修正，我最後一次簽署了這個修正憲章的執行法案，經由這個程序，我將所有的世俗權力移交給當選的領導團隊，完全退休。二〇一一年八月，洛桑桑蓋（Lobsang Sangay）贏得了選舉，就任噶倫赤巴，其後頭銜改為司政（*Sikyong*，藏人行政中央總統），由他服務兩任之後，二〇二一年，由現任的司政邊巴次仁（Penpa Tsering）當選。

二〇一一年五月，當我宣布完全卸下政治職務時，我向西藏境內以及流亡的西藏人民保證，我決定移交政治職權，並不意味著我不再關心或喪失決心，也不表示我放棄參與追求真理與自由的藏人抗爭運動。身為西藏人、身為與達賴喇嘛轉世世系有業力連結的人，我完全不可能放棄西藏事業以及人民。我唯一的動機只是相信這是對西藏人民最好的選擇，特別是要確保我們爭取自由的抗爭能得以永續。如果西藏問題在未來幾十年仍得不到解決，那麼我們所有人都知道，總有一天我將再也無法領導這個運動。倘若我在世時就建立一個體系，讓藏人行政中央承擔政治領導的全部責任，則我們的行政機構就會有時間獲取必要的技巧與經驗來進行運作，而無需我的領導。此外，如果在這段過渡時期中發生任何挑戰，我當然也會盡其所能加以協助。同時，這個轉移權力的行動也能向世界展現，特別是向北京展現我們的抗爭乃涉及整個民族的福祉，而不只是達賴喇嘛或其體制的利益。我不僅是出於自身意願，且還是快樂且驕傲地結束達賴喇嘛對西藏人民的政治領導權。完全移交權力不只是我個人的決定，也意味著達賴喇嘛世俗權力的結束，那是在十七世紀時，由第五世達賴喇嘛在他的時代建立的。

*

當情勢愈發明朗，顯示我們與北京的會談未能得到任何有意義的結果，許多藏人漸漸感到絕望。西藏境內的自焚潮就是其中一種悲劇性的體現，二〇〇九年二月二十七日，出身阿壩縣（西藏東北部）格爾登寺（Kirti Monastery）的一位年輕僧人扎白（Tapey）在市場引火自焚，就此揭開序幕。從那時候開始，超過一百六十位僧人、尼師和在家人訴諸這種抗議方式，其中大多數是年輕人，地點主要在西藏境內，也有一些在印度和尼泊爾。最近一例發生在二〇二二年二月二十四日，在西藏與中國大陸擁有眾多歌迷的著名歌手才旺羅布（Tsewang Norbu）在布達拉宮廣場前自焚，他才二十五歲。我聽說他的歌在中國的音樂平台被下架了，關於他死亡的消息全遭封鎖。事實上，他在網路上的所有蹤跡，包括他的生平內容，全都被刪除了，中國與西藏境內的人們完全無法在網路上找到任何關於他的資訊。我聽說羅布的父親在受到中國公安不斷地騷擾後，也在該年五月結束了自己的生命。這個新近案例強而有力地證明了，藏人的委屈不滿超越了社會經濟層次，並且深植於他們心靈。自焚行為揭示了中共統治其家園時，藏人感受到的絕望、失望和不滿有多麼椎心刺骨。

第一件已知的藏人自焚事件其實是在一九九八年發生於新德里。當生命垂危的圖登歐珠（Thupten Ngodup）躺在印度首都一間醫院的燒傷病房時，我親自去探望他。我曾幾度公開談及我針對這個痛苦議題的感受，其中一次是在二〇一〇年訪問東京的新聞記者會上，一年前，在西藏東北的格爾登寺，有個年輕僧人自焚。在回答記者的提問時，我分享了我的三個反應：首先，每當我聽到這樣的意外事件，都感覺到深刻的悲傷和痛苦；第二，我並不鼓勵這類激烈行動，因為我不相信這會對中國當局起到任何真正的作用；第三，我希望藏人的悲劇行動能促使中國當局探究西藏年輕人的動機是什麼。直到今天，自焚的議題仍令我的內心不斷拉扯，一方面，我可以同理極度無助的藏人對自己家園現狀的感受；另一方面，每個生命的喪失都是莫大的損失。這些行動無疑是極端的，然而不變的事實是，獻身自焚的人選擇不去殺害他人，而只是犧牲他們自己的生命。

13 審時度勢

正如我所說的，自從一九五九年我流亡以來，我們和北京只有兩個實質討論的時期。這些討論都沒有進展到最高層次的真正實質談判階段。我當然也曾自問，這幾輪對話為何都沒有就西藏問題談判出一個解答。

回顧過去，鄧小平一九七九年三月主動向我哥哥提議，以及其後我哥哥與胡耀邦會面，促成我們的第一次系列對談，我們以為會有一個確實可行的開端。就我們而言，我們曾經寄予厚望，希望能夠找到真正具體的方法，在鄧小平一開始說的「除了獨立之外，其他任何事都可以協商」的架構內，得出雙方皆可接受的長久解決之道。其目標在於這些對話最終可以使中國領導人與我正式簽署一份協議。至少我們知道，中國最高領導階層表達了對談的意願。再者，中國政府似乎想要認真地討論一些懸而未決的國際議題，而這些議題正是中國要躋身現代國家的核心問題。因為就在一九七九年三月，鄧小平邀請香港總督討論當時還是英國殖民地的香港的未來，接著是一系列的國際談判，一九八四年達成協議，會於一九九七年將這塊殖民地歸還中國。

在一九八二年的前幾輪會面當中，有一次中方與我們的代表團分享一份特別行政區的文件副本，裡頭提出香港地位可適用於特別行政區，其後被納入中華人民共和國憲法第三十一條，他們建議我們研究這份文件，因為擬議的特別行政區可能跟西藏有關。我的代表團的理解是，依據第三十一條，或許可以找到一個符合鄧小平所說的基本原則的解答。但如我們所見，中方終究沒有認真考慮。

至於在二〇〇二年至二〇一〇年的第二個對話時期，若以後見之明回顧，我疑惑中國領導人是否真的想要實質討論。我們的對話層級從不曾超過負責處理少數民族事務的中共統戰部。也許有人會問，在這種狀況下，為什麼我們還要堅持下去。答案很簡單，究竟而言，西藏問題應該且只能由藏人與漢人坐下談才能解決，別無他法。由於我已經成為達賴喇嘛，代表藏人發言、持續發聲，是我一生的責任和角色。

二〇一三年，北京以名為《西藏的發展與進步》的西藏政策白皮書，明確回應我們的《有關全體西藏民族實現名符其實自治的建議》，指控我們「鼓吹『大藏區』、『高度自治』，這些主張完全違背中國國情，違反中國憲法和法律」。有關「大藏區」的指控或許是指我們的建議談到所有的藏區——由衛藏、康區與安多三區組成——由單一的行政機構治理，俾使整個西藏高原有一致的政策。事實上，這並不是新的想法。班禪喇嘛在一九八九年圓寂之前，曾經在中國全國人民代表大會擔任副委員長，他說欲求建立統一西藏民族的自治區是適當且合乎法律規定的。班禪喇嘛所謂的「法律規定」是指中共自己的民族政策指導原則，其中提到自治領域單位應符合民族生活的緊湊毗鄰的地區。根據這個政策指導原則，整個西藏高原——由衛藏、康區與安多三區組成——應該是個單一的自治區域。同時，中國中央政府早在一九五六年就成立了一個特別委員會，其中包括資深共產黨員桑傑益西（Sangye Yeshe，也稱為天寶），這位對毛主席有信心的極少數西藏共產黨員，起草了一份把藏區整合成單一自治區的詳細計畫。這個倡議受到中國共產黨內的極左派分子阻撓。在中國也有處理其他民族的前例，把原本一度分裂的地區整合成單一行政機構。例如，一九七九年內蒙古的分離地區回歸內蒙古自治區。這件事情的核心其實在於什麼才是保護具有與眾不同的語言、文化與精神傳統的西藏人民的最佳方式。

在與北京交涉時，我方確實有清楚的目標以及可識別的指揮關係，我的特使會直接向我報告，而我也代表境內與境外的藏人發言。特別在第二次系列對話開始時，團隊的領導被正式任命為我的特使。這意味著中方一直都知道和他們對談的人是誰。但是身為局外人的我們，很難知道我們交涉的中方到底是哪一位。首先，當中共的領導階層產生改變時，情況就可能晦暗不明：讓我們回顧一下，在毛澤東時代與鄧小平時代之間有了根本性的轉變；在鄧小平與江澤民、江澤民與胡錦濤之間就沒什麼改變，然而在胡錦濤與習近平之間，卻難以即時判斷和確定方向。再者，在跟中國領導人交涉時，我們不清楚對談人是否被充分授權，或者是被困在和其他政治局成員複雜的權力關係當中。例如，江澤民在一九九八年的提議可能是有誠意的，但是他們似乎在領導階層中受阻了。有鑑於此，習近平成為繼鄧小平之後最有權力的中國領導人，我希望他會抓住機會，在解決西藏問題上提出一個大膽的願景。我知道習近平國家主席對於佛教的重要性提出了正面的評價，像是在中國要對治層出不窮的貪腐問題所顯現的道德缺失。這個觀點後來也得到證實，他在訪問總部位於巴黎的聯合國教科文組織（UNESCO）時，談到佛教如何對於中國人的宗教信仰、哲學、文學和風俗習慣產生深刻影響。也有些人告訴我說，習近平的母親是一位有在修行的佛教徒。當然還有我提過的，我個人認識習近平的父親，我於一九五四年至一九五五年訪問北京期間曾與他見面。習近平的父親在文化大革命被鬥而吃了很多苦，即便他是鄧小平的盟友，但反對殘暴鎮壓天安門抗議的學生。所以我曾經希望習近平國家主席會對藏人有更多的個人同理心。事實上，當宣布習近平會在二〇一四年訪問德里時，我甚至傳達了想和他親自見面的希望，不幸的是，我們的舉動沒有得到任何結果。

我的心中產生了兩個問題：關於西藏的實質談判，中國是否曾經認真以對？就我們為了爭取自由而和中國交涉的歷史，我們到底得到什麼教訓？

我們的國際支持者曾經點出，中方從來沒有認真解決當下情況的意圖。他們說，對中國而言，重要的是被人看到有進行對談，而非真正的談判。在一九八〇年代，他們這麼做的動機是要促成香港以及澳門的談判（這對鄧小平而言當然是個國際性的大勝利），其後使中國在國際上開放其經濟，吸引國際接受中國在世界舞台崛起時代的來臨，比如說二〇〇八年主辦夏季奧運。

我在一九五〇年代就認識鄧小平了，當我收到他的主動提議時，我真心相信他是認真的。當胡耀邦訪問西藏並且公開承認中共在處理與藏人的關係時犯了一些錯誤，接著胡耀邦又與我的哥哥嘉樂頓珠見面，使我的心念更加堅定。然而接下來的討論沒有任何進展，他們的方案一直在我的個人地位以及返回西藏的問題上打轉。

讓我回到第二個問題：我們從這些對話的經驗得到什麼教訓？首先，而且是最基本的，一旦雙方都承諾進行談判，那就要真心信任彼此的善意。這點至關重要，如此一來，在世間所發生的事件——在長期對話當中總會有些事件發生——才不會使得持續進行的對話脫軌。其次，作為互信的保護措施之一，需要有個開放的溝通管道，因此才會有某種機制，可以直接緩和基於任何原因（尤其是任一方的公開聲明）產生的猜想或懷疑。第三，在任何權力不對等的談判當中，如同我們和中國的對話，強大的一方必須向對話的夥伴展現寬大的胸襟和尊重。

我聽說雙方在談判時都會有所取捨，而我的方式一直都是誠實說出我想到的解決辦法。如同我的兩個特使以及在多次會談加入的同事所知道的，我在這些對談中總是誠懇而坦率。身為一位僧人，誠實對我而言非常重要。所以我告訴我的特使，我要以清楚直白的措辭提出我真正的目標，而非以某種「談判立場」開頭，接著再調整我實際想要的目標。再者，我所提出的建議，如前所述，跟要求恢復西藏的獨立已經大相逕庭，這意味著我方已經做出重大的調整。作為一個國家被占領的民族，我們藏人有權利恢復獨立，但是基於我解釋過的理由，我相信對於我們藏人而言，只要能真心敬重我們的權利、尊嚴，以及一個民族的獨特語言、文化、宗教和歷史傳統，我們有可能找到生活在中國大家庭裡的相處之道。

時至今日，我不相信北京成功地創造了一個多民族國家，使藏人真正感到有個家。

換句話說，它無法實現「中華人民共和國」國名裡重要的「共和」（藏文寫成「*chithun*」）部分的設想，這個詞具有「和諧的團結」的意思。我經常舉蘇聯為例（正式名稱為「蘇維埃社會主義共和國聯盟」），在其崩潰分解前，至少是個認真企圖創造現代多民族國家的例子，不像「中華人民共和國」的國名，「俄羅斯」或「俄羅斯人」並未在這個現代混合國家的名字中占有一席之地。這個簡單的事實使得非俄羅斯人比較容易認同這個新國家，也使得像史達林或布里茲涅夫這兩位非俄羅斯人成為蘇聯的領導人。另一方面，共產中國尚未成功創造具有包容性的現代多民族國家，讓藏人有家的歸屬感。最簡單的事實就是從來就沒有任何一位藏人說「我是中國人」。

對於如何才能以最好的方式解決西藏問題，自從一九七九年和北京開始直接討論以來，我的立場始終一致，我稱之為「中間道路」。這個途徑的核心是要尋找一個健全的架構，使藏人有能力作為一個有尊嚴的獨特民族繼續生存，並且保有他們特殊的語言、文化、生態與佛教信仰。再者，在我的途徑中，我一直努力尊重一個原則，也就是認真考慮雙方的觀點與利益。對中國而言，最重要的事情似乎是領土的完整與穩定，然而對我們而言，最重要的事情卻是保障語言、文化、生態和宗教領域的名副其實的自治。即使經由談判建立雙方都接受的協議，有個堅定履行的機制以確保雙方都會遵守同意的條件，則是不可或缺的。我會這樣說，是出自親身經驗，以及觀察香港近十年來的情勢得到的想法。

當我們與北京的正式對話在二〇一〇年中止，一直到二〇一九年為止，我確實透過個別的中國人士，與北京領導人維持非正式而祕密的聯繫。在那些來和我會晤並且談話的人當中，有些似乎和北京重要領導人有聯絡管道。某些來跟我講話的人都有個單一的目標：勸我回「家」。在這些見面場合中，我很清楚地說，目前這類的討論都是相當不成熟的。我說，我們反而應該為我去訪問中國以及西藏鋪路，特別是朝聖之旅。也許北京覺得，以我的年紀來講，我現在也許會更想要回家。在這些非正式的邀請背後，也許他們也都一直相信，一旦達賴喇嘛「回歸」了，那麼西藏問題也就「解決」了，以我永久回歸的形式，這個問題就得到了解決。如果真的是這樣，這就意味著，四十年來，歷經幾次領導階層的改變之後，儘管有過兩次系列對話（一九七九年至一九八九年，以及二〇〇二年至二〇一〇年），北京還是沒有跨出胡耀邦的五條方針，一切都繞著我的地位問題打轉，而不想試圖應對真正的問題——西藏人民的福祉。

很不幸地，北京沒有掌握我提出的以互利方式解決西藏問題的良機。我不相信北京不瞭解我提出的解決方案。我唯一的理性結論不外乎是：雖然他們也許在某個時刻真正希望也願意經由談判解決西藏問題，但是中國領導人缺乏付諸執行的勇氣與必要的政治意志。我誠心希望，在為時已晚之前，北京可以找到必要的勇氣，透過和平的手段，解決由來已久的西藏問題。

14 什麼事會為我帶來希望

雖然我們和北京政府至今沒有任何重大突破，但是漢藏兩個民族之間的關係並沒有真正決裂而不可回復，我因此持續心懷希望。而隨著愈來愈多中國人民逐漸瞭解西藏問題，他們開始理解並且同情我們的正當抗爭。就我而言，我也珍惜和中國人交往的任何機會，特別是那些從中國大陸出來的人。例如，在布魯金斯學會（Brookings Institution）的協助下，我和高度關切中國未來的傑出中國學者有一系列的對話。那些相當開放與率真的對談，分別在華盛頓特區的阿斯彭研究所（Aspen Instutite）與難忘的印度拉達克舉行。有一次在華盛頓特區的會面中，對話焦點轉向席捲全中國的積極「致富文化」所導致的道德危機問題。就我個人而言，我發現這些對談有助於瞭解中國現狀及其挑戰與機會。我也在柏林、日內瓦和漢堡等地和中國學者進行類似的對談。

中國著名知識分子王力雄娶了極其勇敢的西藏詩人和積極行動者茨仁唯色（Tsering Woeser），多虧了他，我在二〇一〇年有個難得的機會，可以和中國國內的漢人進行現場問答討論。在宣布舉行這個現場網路對話活動的幾天前，王力雄要求中國國內的網友先把問題提給我。網友被要求依據他們的個人喜好排列問題順序，然後經由民主程序，選出八個問題。我把這些問題當成許多住在中國的人真正想要知道的事，也想聽到我的答案。因此，讓我在這裡簡要分享問答的交流內容。

有一個問題與我對未來西藏宗教領袖角色的看法有關，特別是達賴喇嘛與班禪喇嘛的地位。我回答，早在一九六九年，我就發表過一份正式的聲明，其中提到，達賴喇嘛體制是否應該繼續存在，要交由西藏人民決定。我也告訴他們，一旦西藏獲得名副其實的自治，我將不會在未來的任何西藏政府擔任官方職位。

有個問題提到漢人與藏人作為兩個民族，如何培養且維持好的關係。我強調，如果漢人與藏人在平等且認同彼此共有人性的基礎上相互接觸，那就不會有溝通的障礙。在這個基礎上，很多問題都可以迎刃而解。我說，以我個人的做法而言，不管我訪問哪個國家，我總是強調我們的共同人性的重要性。我說，即使是在會面討論若干棘手的問題時，雙方都務必站在人性的層次上相互溝通。在這個人性層次上，我們所有人都完全一樣。唯有承認且相互尊重這個事實，當事人才能夠處理由於種族、宗教、文化、語言或政治差異所產生的更具挑戰性的問題。

當時我被問到，為什麼西藏人和中國政府之間的各種會面總是無疾而終？幾十年來到底是什麼問題使情況變得這麼棘手？我說，主要的問題是中國政府一直堅持沒有所謂西藏問題這回事，只有達賴喇嘛的問題。然而我從來沒有提出任何關於我自己的要求。問題一直在於藏人的命運、他們的文化、語言、宗教以及脆弱的生態。我說，如果有一天中國領導人準備好要面對西藏問題並且尋求解決辦法，我將戮力以赴，因為我們的目標是要為西藏及其人民在中國的大家庭裡尋找安身立命之處。我同時也說，北京政府一直強調西藏的穩定，但是真正的穩定只能從信任產生，而不可能以武力和鎮壓獲致。

就我個人而言，我覺得這場現場直播的網路對話值得紀念。我能夠跟中國國內的漢人兄弟姊妹有一場現場直接對話，這實在不可思議。這場對話讓我瞭解到，有這麼多體貼周到的漢人，他們關心他們國家的未來，也明白西藏的情況，並且認識到，必須找到一個確保西藏民族得以繼續生存的長久解決之道。這場和漢人兄弟姊妹的現場交流給了我希望，強化我的信念，不管我們在政府和「官方」層級的關係地位為何，只要藏人與漢人避免走上互相憎恨的道路，那麼兩個民族之間總會找到真正彼此瞭解的基礎。

二〇一三年，在一次訪問紐約的行程中，我和中國藝術家與行動家艾未未有一場愉快的語音互動。他問我是否希望回到我的故鄉。我說：「是的，我很期待。」思念自己的家鄉是人的本性，即使我們藏人常說：「只要能讓你快樂的地方，那就是你的家。」我一直希望在我離世之前至少能夠回去一次。現在，我已接近九十歲，看起來愈來愈不可能了。

我在造訪北美、歐洲、日本和澳洲時，出身各種不同背景的中國人會來見我，諸如中國平民、知識分子、作家、藝術家、公司老闆、跟北京高層領導人有聯繫管道的人、前政府與軍隊官員。我也見過一些在中國體制內的高階喇嘛與藏人官員，他們想方設法地來見我。因此我就有許多機會向他們解釋，我們必須恪遵非暴力原則以及互利的途徑去解決西藏問題。我和中國人最感人與情緒激動的一次見面經驗，是遇到中國諾貝爾獎得主劉曉波的太太。我在二〇一八年造訪瑞典時會晤了劉霞。在看到我的瞬間，劉霞淚流滿面。我安慰她說，對劉曉波在中國為人權勇敢奮鬥以及她的勇氣，還有她對先生的使命的支持，我深感欽佩。她說她想告訴我，她先生有多麼尊敬我，而且真心相信我的中間道路為解決長期存在的西藏問題提供了一個真實的基礎。她接著致贈一本已故先生的詩集，而我則給了她我的兩本中譯著作。

不論如何，我們真的應該培養且促成這種漢藏之間，人與人的個人層次接觸。就藏人而言，我們也要記得，中國人民也在共產黨的高壓統治下受苦受難。我們也不可以忘記，國家歸屬於人民，而非政府。或許國家在某個時期看似能綿延長久或強大，但政府會交替更迭，而人民將永遠存續。這是個簡單的真理。

並且，有鑑於在中國有許多佛教徒，在相關組織的請求下，我樂於在印度特別為漢人佛教徒講授佛法，特別是自二〇〇九年以來，建立了每年都為他們講經說法的傳統。來參加法會的信眾當中也有許多出家眾，包含來自五台山佛寺的僧侶。在一些場合中，當來自大陸的中國人私下來見我時，有些人會在我面前哭泣，為藏人在中共統治之下遭受的苦難道歉。他們更深深感謝藏人沒有因為北京對藏人的作為而憎恨漢人。他們說，當他們四處行走在我居住的達蘭薩拉，或是在成千上萬藏傳佛教徒於冬季朝聖和法會聚集的菩提迦耶時，感到完全地放鬆自在。

有一次我訪問巴黎，和一群中國人見了面，這讓我永生難忘。有一位來自內蒙古的年輕學生站起來說，他要為他的祖父轉達一個重要信息。他解釋他祖父是在一九五〇年進攻西藏的人民解放軍騎兵。多年以後，他要他的孫子代表他向我道歉。這個孫子代表他祖父如此誠懇地致歉，讓我深受感動。

15 現今的處境與未來的道路

目前西藏境內的情勢看起來相當嚴峻，實在令人痛心。習近平於二〇二一年訪問西藏（逾三十年來首次到訪的中國最高領導人），他的政策似乎著重於緊縮控制、志在強化同化的手段。例如在語言方面，強制使用中文作為教育的主要媒介，其目的是創造一個母語為中文而非藏文的藏人世代。有些關於兒童的報告令人憂心，依據某些消息來源，上達百萬人從家中被帶走，安置在僅說中文的寄宿學校，這說明中國政府採取了一種失格的殖民統治。由於憂慮這種新的發展，二〇二三年十二月歐洲議會通過一個決議，譴責這種在中國國營寄宿學校中，對西藏兒童的強行同化，並且呼籲立即停止作為。聯合國人權理事會以及美國國會也提出相同的關注。事實上，這種做法與中國自己的憲法相矛盾，因其保障「各民族都有使用和發展自己語言文字的自由」。這也直接違反了民族區域自治法，它規定學校與其他教育機構的「少數民族學生得以使用自己的語言進行教學」。這種情勢使得我擔憂不已。

[135] [136]

在宗教方面，有由黨直接控制寺院的新政策，對僧團強制進行密集的監控。我聽說現今在許多寺院的建築物中設有警察局。西藏寺院也不得不在管理部門中聘用共產黨官員。對藏人的宗教生活，尤其是寺院的嚴格管控，是於二〇一七年由中國國務院通過特定宗教事務管理政策後開始執行。簡而言之，不同的新規定被引進，所有一切都是為了達成中國當局所提倡的「藏傳佛教中國化」。有一條新規定提到，寺院的課程必須包括政治、法律、規章、政策、中文，還有西藏與「祖國」關係的歷史。

有關西藏一般民眾的狀況，我被告知，在拉薩與其他地方，日常生活與網際網路使用兩方面的全面性監視都大幅增加。社區領袖、環保人士、慈善家和社會行動家都被特別針對。現在仍然沒有班禪喇嘛的消息，也不得展示西藏國旗或是我的肖像。實際上，一種新的社會實驗正透過恐嚇與強迫同化進行，藉由新科技與數位媒體設備擴大效果。西藏境內的藏人愈來愈能感受到，從中國當局的角度來看，若說他們有什麼問題的話，原因就只出在他們是藏人。

如果北京回顧過去的歷史，就會發現壓制和強迫同化的政策是沒有用的。事實上會適得其反，最終主要創造出深切厭惡共產中國出現在西藏高原的世世代代。如果中國領導人真的在乎一個穩定與和諧的國家，如何能使藏人感覺像是生活在自己的家，其政策就必須奠基於尊重藏人的尊嚴，並認真關注他們的基本願望：以具有獨特的語言、文化與宗教的民族繁榮興盛下去。

如果到最後北京認為我們的基本目標與中華人民共和國的架構無法相容，則西藏問題將經歷數個世代仍難以解決。我一直以來都是這樣說的，西藏人的命運最終應當由西藏人決定，而非由達賴喇嘛或北京領導人主導。事實很簡單，沒有人會喜歡他們的家園被帶著槍的不速之客占領。這不過是人的本性。

我個人並不相信，對中國政府而言，讓藏人在中華人民共和國的大家庭之內感覺受到歡迎與快樂有那麼困難。就像所有人一樣，藏人也想要受到尊重，能夠在自己的家裡擁有自主權，並擁有做自己的自由。要滿足藏人的願望和需求，不能簡單地只有發展經濟。這個問題的核心無關基本生計，而是關乎西藏人作為一個民族的生存大事。找到西藏問題的解決辦法無疑對中華人民共和國有極大的益處。首先，也最重要的是，授予中國在西藏高原存在的正當性，這對由多民族自願加入所組成的中華人民共和國這個現代國家的地位與穩定來說，這是不可或缺的。

以西藏的狀況為例，從一九五〇年中共入侵後已經超過七十年。儘管透過粗暴的武力以及經濟的誘因，在物質上控制了這個國家，藏人的怨恨、各種形式的持續反抗、重大人民起義事件卻都不曾消失。即使世代與經濟條件已經改變，藏人對那些他們視之為占領者的認知和態度，依然沒有什麼改變。事實擺在眼前，對西藏當地居民而言，中共在西藏仍舊是一個外來、不受歡迎且具壓迫性的占領政權。

藏人已經失去了太多。他們的家園被強力入侵，現在仍然處於令人窒息的統治之下。透過強制的同化政策，西藏的語言、文化與宗教遭受系統性的攻擊。即使只是表達與藏族身分相關的行為，也愈來愈容易被視為是對「祖國統一」的威脅。藏人僅剩的談判籌碼是他們理念的道德正當性與真理的力量。顯見的事實就是西藏至今仍是一個被占據的領土，而且唯有藏人能授予或否決中國在西藏高原存在的合法性。

我畢生致力於提倡非暴力。我已盡我所能限制受挫藏人採取可理解的衝動行為，在西藏境內或境外皆然。特別是我流亡後，從一九七九年開始與北京直接對話，我運用了我所有對藏人的道德權威和影響力，說服他們在中華人民共和國架構中以實質自治形式尋求務實的解決辦法。我必須承認，我對北京一直選擇不認可藏人為和解所做出的巨大讓步深感失望，他們沒有把握這個原本有可能長久解決問題的機會。出版本書的時候，我就快九十歲了。如果我還在世時沒能找到解決辦法，西藏人，特別是在西藏境內的藏人將會責怪中國領導人和共產黨沒有和我達成和解；許多中國人，特別是佛教徒——據說中國大陸有超過兩億人以佛教徒自居——將會對他們的政府失望，因其無法解決長期以來懸而未決的問題。

考量到我的歲數，可以想見會有許多西藏人擔心，當我不在人世時會發生什麼事。在我們爭取西藏人民自由的政治陣線上，由於現在已有眾多藏人身在西藏境外的自由世界，因此不論如何，我們的抗爭將會持續。再者，就我們運動日常事務性的領導而言，我們現在已有民選的司政行政官署（藏人行政中央的首長）以及運作良好的西藏流亡人民議會，兩者兼具。

人們經常問我，會不會有下一世達賴喇嘛。我早在一九六〇年代就已經表達，達賴喇嘛的體制是否應該持續，這是西藏人民要決定的事情。因此，如果西藏人民覺得這個體制已經達成使命，現在不再需要達賴喇嘛，那麼這個體制將會終止。在這種情況之下，我已經說過，我會成為最後一位達賴喇嘛。我也同樣說過，如果有續存的需要，那麼就會有第十五世達賴喇嘛。二〇一一年，我特別召開一次所有主要西藏宗教教派領袖的集會，我在這場會議結束時發表了一份正式聲明，我說道，當我九十歲時，會徵詢西藏宗教教派的高階喇嘛以及藏人群眾，如果大家都有達賴喇嘛體制應該持續的共識，那麼認證第十五世達賴喇嘛的責任應該交付給甘丹頗章信託基金會（Gaden Phodrang

Trust，亦即達賴喇嘛辦公室）。甘丹頗章信託基金會應該謹慎依循過去藏傳佛教傳統的尋找與認證程序，特別是要徵詢歷史上和達賴喇嘛有關聯、誓言護持佛法的護法[1]，就像是認證我時那樣。就我而言，我說過我將會留下清楚的文字指示。過去十多年來，我收到許多來自廣大藏人的請願與信件，包括不同教派的高階喇嘛、佛寺的住持、全世界的西藏流亡社群、西藏境內的許多傑出藏人與一般藏人，以及喜馬拉雅山區與蒙古的佛教社群，異口同聲地請求我確保達賴喇嘛世系的延續。

在我二〇一一年發布的正式聲明中，我也同樣指出，對於明確拒斥宗教、拒斥過去生與來世觀念的中共而言，插手干涉喇嘛的轉世體系是完全不恰當的，就更別提達賴喇嘛的轉世了。我指出，像這樣的干涉，與他們自己的政治意識形態互相矛盾，且顯示了他們的雙重標準。在其他地方，我曾經半開玩笑評論說，中共在涉入認證包含達賴喇嘛的轉世事務之前，應該先認證他們過去的領導人毛澤東與鄧小平的轉世。總結我在二〇一一年有關達賴喇嘛轉世問題的正式聲明，我極力主張，除非下一世達賴喇嘛的認證是

1　藏文*Damden chos skyong* 意為「誓言護持佛法的護法」，與達賴喇嘛有關的護法神主要包括吉祥天母和多傑扎登（又稱乃瓊）。

透過傳統藏傳佛教的方法完成，否則全世界的西藏人與藏傳佛教徒都不應接受由任何人，包括中華人民共和國以政治目的選擇的人選。現在，既然轉世的目的是要接續前世的工作，新的達賴喇嘛將會誕生在自由世界中，如此一來，達賴喇嘛的傳統使命將能延續，那就是成為普世慈悲之聲、藏傳佛教的精神領袖，以及體現藏人願望的西藏的象徵。

16 呼籲

總結本書之際，請讓我藉機提出一些呼籲，並表達個人的感謝之意。

致我的西藏同胞：不管天空變得多昏暗，永遠不要喪失希望。如同我們的諺語所說的：「跌倒九次，就要站起九次。」切記，雲翳之後，總有明耀朗日。我們是有著悠久歷史、堅韌的古老民族。我們這些吃糌粑的人守護被世人稱為「世界屋脊」的廣闊西藏高原已有數千年。在兩千多年間，安然渡過所有的順境逆境，始終堅定認同自己是擁有獨特的語言、文化、宗教、自我核心價值的民族。眼前，被中共占據的黑暗時期也許看似無有終止，但放眼我們的漫長歷史，這不過是一場短暫的夢魘。如同我們的佛教信仰所教導的諸行無常。

也許有些人會這樣想，考慮到我的年紀，以及中共今日已是世界大國，我們並不具有時間優勢。我不同意。的確，在團結全球各地的藏人一事上，達賴喇嘛體制今時扮演相當重要的角色，但是別忘了，達賴喇嘛體制只存在五百年之久，西藏的歷史比它還長一千五百年。因此，我始終堅信，我們爭取自由的抗爭終將長長久久，因為這牽涉到一個古老國家及其人民的命運。本質上並不穩定的極權主義絕對不具備時間優勢。不管是西藏人也好，中國人也好，時間是站在內心嚮往自由的人民這一邊的。

我們需要的是耐心、不屈不撓的決心、團結，以及因為目標明確而生出的勇氣。在流亡超過六十年的今天，西藏問題仍獲有全球高度關切，這要歸功於我們擁有不屈不撓的決心、堅定不移的承諾，致力於追求民族自由的正當事業。拯救西藏是高貴的工作；它是正法的工作，身為佛教徒，我們相信對所有眾生而言，這才是真正的喜樂泉源。因此，不管是受到挑釁，或是因為可理解的以暴制暴的人性衝動，我呼籲你們不要屈從於這種一時激憤。即使是在我們的壓迫者身上，也要看到人性，因為我們終要憑藉著他們的人性，與之和解。然而，這不等同於我們應該容許傷害、容許人性尊嚴遭侵害卻不表示異議。我們必須盡己所能，挺身對抗不公不義。非暴力並沒有禁止採取堅定的立場，強烈表達我們的反對意見。聖雄甘地已經向世人展示了非暴力抗爭強勁、有效的持久力量。住在自由國家的我的西藏同胞，我要特別跟你們說，永遠不要忘記那些在故鄉遭受壓迫的兄弟姊妹。他們視我們為黑暗時期的希望，期待我們在尋求自由生活的祈願上一直保持光亮的火焰。

致印度這個偉大的國家，以及我們的印度法友：自一九五九年以來，你們一直都是我的東道主，我待在印度的時間比待在故鄉西藏還要久。我永遠不會忘記，你們對流亡中的我及我的人民，提供長久且超乎尋常的慷慨。是印度給了我們一個新的家、一個基地，正是因為這勝過其他一切的恩情，使我們得以在流亡中重建我們的文明，讓西藏正義的火炬得以繼續燃燒數十年。我們西藏人總是把印度視為我們佛教傳統的智慧、知識與靈性的源頭與老師，這些傳統是許多世紀前從你們那邊傳承下來的。在我們悠久的宗教文化歷史中，印度（*arya-bhumi*，「聖人之地」）一直是我們的上師（guru），而我們西藏人是學生（*chela*）。我感激你們不離不棄地支持我及我的人民，只要我們仍需要，還請繼續予以支持。

致漢人兄弟姊妹：我呼籲你們打開心胸，正視西藏人民仍在遭受的苦難。漢人和藏人共享了大乘佛教的精神傳統，對所有受苦眾生心懷慈悲。我向你們保證，在我為了西藏人民而抗爭的長久年歲中，從未對中國人民抱有敵意。我總是敦促藏人，不要因為殘酷的政府打著中國人民的名義對他們施加不義而屈服於仇恨。我請求你們保持警覺防範，反對任何透過國家宣傳，意在分裂兩個民族長久以來的友好情感、敦睦與友誼，激起對藏人的種族仇恨的企圖。我呼籲你們盡力瞭解藏人爭取自由的抗爭不只是正當的，同時也不是對抗中國。請協助我們藉由具理解與和解精神的對話，找到可以解決西藏問題的和平持久辦法。這麼多年以來，許多中國學者與知識分子都已坦率發言。我相信有許多知道西藏真相及其文化與人民的中國人，當他們不必害怕報復而能表達真實感受時，他們會挺身而出。保護西藏對中國來說也是極其重要的。我想跟你們說，對我而言，就如同全世界許多人的看法，中國的經濟自由化令人驚艷，但遺憾的是，有關你們人民的人權與民主自由，則未有與之並駕齊驅的進步。

致全世界的國家與民族，特別是和西藏人民團結一致的友人：你們對西藏所表達的關懷與支持，以及國際媒體的關注，一直持續鼓勵著我們、給予我們慰藉。我感謝你們，並請求你們，在我們民族長久歷史中的這個關鍵、充滿考驗的時刻，請不要忘記西藏。

*

在我長期致力於拯救西藏及其人民的過程中，我早早就瞭解到，西藏得以具備獨特的語言與佛教傳統文明而生存，其重要性不僅止於藏人。由於我們的文化傳統強調與大自然和諧共處，如果我們藏人被賦予權力，西藏高原的脆弱生態將能得到守護，尤其反對過度開發。不只如此，保護西藏也關係到一個根植於慈悲文化的生存與繁榮，以及具有利益整體人類的潛能。西藏傳統是現今唯一保有印度佛教偉大那爛陀學派豐富遺產的傳承者，涵括從哲學到邏輯與語言學，從心理學到多元的靈性修行。我們的傳統核心強調萬事萬物的緣起依待法則，並且認識到，建立在對共同人性認識之上的慈悲，是引領所有人實踐幸福生活的普世倫理基礎。隨著世界愈加緊密連結，所有的人類都必須為了彼此、為了我們脆弱的地球，學著超越狹隘的私利。

周遊全世界超過五十年，我一直在跟大家分享一個源自我的文化的關鍵訊息：擁抱人性中更加慈悲那一面的重要性，以及這樣做如何能讓我們同時在個人層面與社會層面促進和平與快樂。我個人堅定的信念之一便是，如果每個人都能擁抱我所稱的「人類一體性」——一種打從內心生起的感受，因為人類共通的處境而認識到一個簡單的事實：就跟我自己一樣，每個人都希望能夠離苦得樂——那麼對所有人來說，我們的世界將成為一個更美好、更仁慈的地方。作為社會性生物，我們每個人都是從母親子宮出生的，並且在脆弱的嬰兒時期，拜他人特別是我們的父母照顧之賜才得以存活。完全依賴他人的照顧，因此而生起感激他人照顧的天性，使我們天生就有關心他人，甚至是關心陌生人的能力。我有時候稱此為人類「善心」的品德。這是我們的基本人性。我真心認為，即使這個世界變得更複雜，在面對不管是個人層面或社會層面的挑戰時，提出的所有解決辦法都必須考慮到我們自身的基本人性。我深信，西藏的智識與我們的慈悲文化，有能力提供豐富的資源，促進所有人的內心平靜與快樂。因此，西藏和西藏人的存續更符合人類自身的更大利益。

本書的結尾，容我分享八世紀佛教大師寂天菩薩所寫的偈頌，他的作品一直能為我帶來深刻啟發：

多劫佛深思，
見此最饒益，
眾生依於此，
順利獲勝樂。
欲滅三有苦，
及除眾不安，
欲享福樂者，
恆莫捨覺心。

路人無怙依，
願為彼引導，
並作渡者舟，
船筏與橋梁。
如空及四大，
願我恆成為，
無量眾有情，
資生大根本。
迨至盡空際，
有情種種界，
殊途悉涅槃，
願成資生因。
乃至有虛空，
以及眾生住，
願吾住世間，
盡除眾生苦。

謝詞

我首先要感謝印度及其人民與領袖的親切款待，給予我與西藏難民無限的慷慨支持、始終堅定關懷西藏人民的命運。同時也讓我向支持我們的正義事業、及時為我們發聲的所有個人、組織與政府表達謝意。我特別要謝謝來自世界各地的眾多人們，他們透過加入支持西藏的各個團體以表達聲援與關切。我要向我境內與境外的西藏同胞致以深深的讚揚，因為他們堅定不移地挺身而出，爭取自身的權利與自由。當我為西藏人民而努力時，這一直是我重要的鼓勵與力量來源。關於這本書，我要感謝我一直以來的英文翻譯圖登金巴（Thupten Jinpa），他在我寫作的過程中提供協助；感謝賈斯・埃爾斯納（Jaś Elsner）與金巴密切合作；謝謝曾經幫忙閱讀手稿、提供批評意見的人；謝謝提供所有必要安排的我的幕僚；感謝本書的經紀人史蒂芬妮・泰德（Stephanie Tade）安排了出版事宜；也感謝威廉・莫羅出版社（William Morrow）出版了這本書。

附錄A
西藏：歷史概述

讓我們談談中國談判代表在不同討論場合中，不斷提出的重要問題：必須就北京所宣稱的西藏歷史地位達成共識。例如，有時候他們會要求我發表正式聲明，承認他們所宣稱的：西藏「自古以來就是中國不可分割的一部分」。目前尚無法確知，他們多大程度將這點視為進行認真談判的前提，抑或是中國的代表持續被上級指示要重述這點，作為一種保住面子的手段，以迴避深入任何實質性的談判。

有關過去歷史的問題，我的立場一直都相當簡單且始終如一。我曾說過，我身為佛教僧人，說謊便是犯戒，而那包括我並不認為這是事實，卻要說西藏「自古以來就是中國不可分割的一部分」。透過我的特使，我們已經向北京表明，如同他們有自己的歷史觀點，我們藏人也有自己的史觀。同樣地，研究西藏與中國長久歷史關係的當代歷史學家，也對這兩個國家漫長而複雜的歷史有各自的理解。如果北京堅持要我們接受他們的歷史版本做為實質談判的前提，那即是要求我們完全臣服，甚至包含對自身歷史的敘述。

以下是我所理解的關於我們歷史的簡要概述。從七世紀到九世紀末，西藏在吐蕃帝國（Purgyal empire）的統治下，是一個強大的國家，其軍隊甚至一度襲擊唐朝首都長安（現今的西安），逼迫唐朝皇帝出逃。最能證明當時兩個帝國之間平等和獨立地位的，就是簽立於西元八二一年至八二二年間的條約，條文以藏文和中文銘刻在拉薩的會盟碑上，相同的複製品也立於唐朝首都長安與兩國商定的邊界上。這份條約由吐蕃國王赤祖德贊（Tri Ralpachen）與唐穆宗所簽訂。其內文如下：

> 今蕃漢二國所守見管本界，以東悉為大唐國疆，已西儘是大蕃境土，彼此不為寇敵，不舉兵革，不相侵謀……
>
> ……使其兩界煙塵不揚，罔聞寇盜之名，復無驚恐之患，封人撤備，鄉土俱安，如斯樂業之恩垂於萬代，稱美之聲遍於日月所照矣。蕃於蕃國受安，漢亦漢國受樂，茲乃合其大業耳。依此盟誓，永久不得移易，然三寶及諸賢聖日月星辰請為知證。
>
> ——唐蕃會盟碑漢文

第九世紀下半葉，吐蕃帝國分裂成眾多小王國。接著，唐朝也很快地滅亡，中國同樣分裂成許多王國與王朝。最後，宋朝於十世紀下半葉出現，相較於唐朝，其所統治的領土大幅縮減。吐蕃帝國與唐朝結束後的那段期間，西藏與中國少有接觸。之後，十三世紀早期，中亞、內亞和東亞的大片領土落入成吉思汗所率領的蒙古軍隊之中。一二六○年，成吉思汗其中一位孫子忽必列汗脫穎而出，成為蒙古的大汗。忽必烈隨即任命卓貢喬嘉帕巴（Drogon Chogyal Phagpa，亦名為八思巴上師，是藏傳佛教大師薩迦班智達的侄兒）為國師，實際上，他是忽必烈轄下領土的佛教教主。藏人所稱的「師供」（*choyon*）關係就此展開，蒙古大汗從此供養西藏高僧。一二七一年，忽必烈宣告元朝成為中國的蒙古統治者，他任命八思巴上師為帝師，其宗教領導權遍及全中國。元朝建立於一二七一年，其後打敗中國南方的南宋，宣告蒙古完全控制中國，使中國成為忽必烈帝國的一部分。[1]當帕竹王朝在西藏建立統治權，於一三五四年終結了蒙古經由八思

1 經過仔細研究，著名的元朝歷史專家赫爾伯特．法蘭克（Herbert Franke）做出以下結論（參見"Tibetans in Yuan China"，頁301）：「大部分藏地仍然處於漢—蒙官僚機構的直接控制外，甚至元朝時期，邊界地區自始至終都是難以管束和動亂的地區。」依據像法蘭克這些歷史學家的說法，西藏與中國不同，事實上從未被蒙古人直接統治或完全控制。

巴上師薩迦派統治西藏的霸權。在漢地，隨著本土漢政權明朝的出現，蒙古元朝統治在一三六八年也隨之結束。在明朝期間（一三六八年至一六四四年），西藏與中國之間的關係主要在於宗教和儀式方面。[2]作為本土漢人皇朝，明朝自視為從蒙古的控制中，使中國重新獲得獨立地位的皇朝——也就是從外來統治中獨立，如同西藏早在十幾年前從蒙古人手中取得獨立那樣。

在十七世紀前半葉，具有軍事優勢的滿人宣告成立新的朝代清朝，接著從明朝手中奪取北京，開始了對中國的統治。清順治皇帝在位期間，第五世達賴喇嘛和清朝皇室建立外交關係，並於一六五三年訪問北京，受到清朝皇帝以同類主權國家（fellow sovereign）的地位招待。達賴喇嘛這次訪問強化了滿洲皇帝和西藏的關係，開啟了清朝統治者與重要的西藏喇嘛頻繁互動的時期，特別是與達賴喇嘛之間師供關係的模式。身為藏傳佛教虔誠的追隨者，滿清皇帝很嚴謹地扮演支持者的角色。在藏人的請求下，作

2　有趣的是，新成立的明朝選擇維持授予西藏重要人士正式頭銜與榮譽的作法，包含地位較高喇嘛。明朝皇帝對西藏不具影響力，從十四世紀藏傳佛教大師宗喀巴，至少兩次拒絕永樂皇帝邀他訪問北京一事可見一斑（參見Thupten Jinpa, Tsongkhapa: *A Buddha in the Land of Snows*, Boulder: Shambhala Publications, 2019, 頁226–30），其後第三世與第四世達賴喇嘛也同樣拒絕中國明朝皇帝的訪問邀請。

為保護者的滿清皇帝派遣了一支部隊，驅逐一七一七年入侵西藏中部的數千名準噶爾士兵，於一七二〇年幫助第七世達賴喇嘛恢復權位，建立駐藏大臣的傳統，代表滿清皇室駐地拉薩。之後，在十八世紀末，同樣在藏人的請求下，滿清皇帝再次派遣軍隊協助擊敗尼泊爾的入侵者。[3]本質上，清朝是滿洲帝國，其皇室是虔誠的藏傳佛教徒，統治藏、漢及其他民族。[4]清朝主要認同的是滿洲人，這點從清朝皇帝在拉薩的高階官員通常是滿人或蒙古人就可以獲得證明。滿清在二十世紀的第一個十年後終結了，這也表示西藏與清朝師供關係的結束。

[153] [154]

3　從歷史紀錄判斷，清朝皇帝似乎從未實際控制西藏，而且，至少西藏中部的藏人從未向清朝代表駐藏大臣納稅。即使大約有一千五百名部隊駐守在西藏中部，他們的主要角色似乎一直都是為了保護西藏，而非是作為殖民統治的武力。滿清皇帝、他的駐藏大臣與在西藏的清軍主要扮演著保護者的角色，可以從一封寫給第八世達賴喇嘛的信中辨識出來。指揮駐守西藏清軍的滿清將軍寫道：「此乃顯現皇帝關心西藏不致受害，以及福祉得永保……皇帝將召回駐藏大臣與駐軍……再者，倘若未來相似情況再起，皇帝將與他們無涉。因此，藏人理當決定其所好惡與輕重緩急，自行取捨。」此處之英文翻譯出於Smith, *Tibetan Nation*, 頁136。

4　有關清朝與西藏之間確切的關係，現代西藏研究學者格雷・塔特爾（Gray Tuttle）在他的書*Tibetan Buddhists in the Making of Modern China* (New York: Columbia University Press, 2007) 第63頁寫道：「清朝與西藏的關係一直都由滿清皇室直接處理（由內務省與理藩院經手），再加少數蒙古人、蒙古爾人、藏傳佛教宗教領袖與西藏貴族的協助。」同樣地，國際關係學者華倫・史密斯（Warren Smith）做出如下結論：「清朝與西藏關係的性質維持在兩個國家之間，或一個帝國與一個半自治邊陲國家之間，而非同一個國家的中央政府與邊陲地區之間的關係。」（*Tibetan Nation*, 137）

簡而言之，當中共強力入侵西藏時，西藏有自己的國家政府、貨幣、護照、郵政、軍隊和外交關係——例如，在第二次世界大戰期間，西藏拒絕同盟國跨境通過其領土，運輸武器給中國對抗日本。換句話說，西藏擁有獨立國家的關鍵要素。這個獨立的地位一直維持不變，直到一九五〇年中共入侵為止。

以上所述，簡言之，是我所相信的我的國家的歷史。有位傑出華人學者劉漢城，我第一次見到他是在二〇一六年的布魯塞爾。他告訴我，從他對中文資料的仔細研究，完全找不到西藏曾經是中國的一部分的證據。他說他當時正在寫一本書，用以發表他多年研究的成果。

西藏問題的解決之道不是也不應取決於雙方對過去歷史的共識。我一直都如此聲明，關於西藏在任何特定時間的確切歷史地位，是歷史學家基於可取得的證據，對過去所做的冷靜觀察。沒有人可以改變過去的歷史，我當然也無法。歷史不是當下要做出的政治決定。至於未來的發展方向，倒是確實屬於當下政治決策的控制範圍。我真心相信，如果雙方基於互利的關係，真誠承諾建立共同的未來，那就不需要堅持雙方對過去的歷史有完全相同的描述。

附錄B 中藏條約西元八二一—八二二（唐蕃會盟碑漢文）

大唐文武孝德皇帝與大蕃聖神贊普舅甥二主商議社稷如一，結立大和盟約，永無淪替，神人俱以證知，世世代代使其稱讚，是以盟文節目題之於碑也：

文武孝德皇帝與聖神贊普獵贊陛下，二聖舅甥，濬哲鴻被，曉今永之屯亨，矜愍之情，恩覆其無內外，商議葉同，務令萬姓安泰，所思如一，成久遠大喜，再續慈親之情，重申鄰好之義，為此大好矣。今蕃漢二國所守見管本界，以東悉為大唐國疆，已西儘是大蕃境土，彼此不為寇敵，不舉兵革，不相侵謀。封境或有猜阻捉生，問事訖，給以衣糧放歸。今社稷葉同如一，為此大和。然舅甥相好之義善誼，每須通傳，彼此驛騎一往一來，悉遵曩昔舊路。蕃漢並於將軍谷交馬，其綏戎柵已東，大唐祇應；清水縣已西，大蕃供應。須合舅甥親近之禮，使其兩界煙塵不揚，罔聞寇盜之名，復無驚恐之患，封人撤備，鄉土俱安，如斯樂業之恩垂於萬代，稱美之聲遍於日月所照矣。蕃於蕃國受安，漢亦漢國受樂，茲乃合其大業耳。依此盟誓，永久不得移易，然三寶及諸賢聖日月星辰請為知證。如此盟約，各自契陳，刑牲為盟，設此大約。倘不依此誓，蕃漢君臣任何一方先為禍也，仍須仇報，及為陰謀者，不在破盟之限。蕃漢君臣並稽告立誓，周細為文，二君之驗證以官印、登壇之臣親署姓名，如斯誓文，藏於王府焉。

附錄C
致中國領導人鄧小平與江澤民信函

一九八一年三月二十三日致鄧小平函

（原為藏文）

[158]

鄧小平先生閣下：

我同意並相信共產主義的理念就是尋求全體人類和普羅大眾的福祉，也相信列寧的民族平等政策。同樣的，我也很高興曾與毛主席討論過有關民族的理念和政策。

如果相同的理念和政策有被實施，將帶來敬佩和快樂。不過如果說到過去二十年來的進展時，經濟和教育這兩項使人快樂的基礎卻嫌不足。而且由於各種無法忍受的擾亂

[159]

所帶來的困難，黨和群眾、官員和群眾、官員之間、和群眾之間都失去了信任。

彼此之間透過錯誤的假設和傳播互相欺騙的結果，使得達成目標有了很大的誤差和耽擱。不滿的跡象現在當然從各方面滋生，明確地顯示目標並未達成。

談到西藏的情形，可惜的是一些西藏官員既沒有促進同胞基本快樂和短程及長程福祉的智慧和能力，復又逢迎不懂西藏、只管個人眼前名聲的中國官員，共同捏造一些令人滿意的報告。事實上西藏人民不僅身受無法估量的痛苦，而且有很多人還死於非命。西藏古老的文化遺產更是在文化大革命中受到無情的摧毀。這些令人遺憾的事情應該已成過去。

在總結過去的錯誤經驗之後，現在有一個新的政策叫做「實事求是」，還有一個現代化的政策。在西藏問題方面，我很高興而且贊同胡耀邦同志在訪問過拉薩之後，盡一切努力承認並改正過去的錯誤。

你可能瞭解，在過去二十年中，我們流亡在外的西藏人除開試圖保存我們的民族認同和傳統價值之外，還教育我們的子弟，讓他們能透過有關正確的行為、正義和能使西藏社會更好的民主原則等知識來決定他們的前途。

簡單的說，如果考慮我們住在外國的事實，我們應該會對我們在世界難民史上的成就感到驕傲。在政治方面，我們在爭取西藏人民的合法權益時一直遵循著真理和正義的道路。我們從未扭曲、誇大或是批評中國人民。我們也未對他們抱持惡意。最重要的，是我們一直秉持真理和正義的道路，沒有與任何的國際政治勢力掛鉤。

一九七九年初，嘉樂頓珠接受你的邀請訪問中國。你透過他傳話說，我們應該跟你維持連繫。你並且請我們派出考察團前往西藏。我們後來派出的考察團發現了正面和負面的情形。如果藏人的身份認同獲得保持而且如果他們真正的快樂，就沒有理由抱怨。不過在事實上，九成以上的藏人在忍受心理和生理上的痛苦，而且活得很不快樂。這些悲哀的情形並不是因為天災而起，而是出於人為的行動。因此我們必須以合理的方式根據現實努力地解決這些問題。

為此我們必須改善中國和西藏、以及西藏內外藏人間的關係。我們必須設法在真誠和平等的基礎上透過未來更深的瞭解，建立起藏人與華人間關係。現在已到了緊急運用我們的共同智慧，以容忍和寬大來使藏人獲致真正快樂的時機。

在我的這一部份，我仍然為全體人類的福祉貢獻我的心力，尤其是窮苦老弱的人，盡我的全力而且沒有國界之分。西藏的人民對我寄予很大的信任和希望，我願意把他們對目前和未來的希望和理想轉達給你。

我希望你能告訴我們對以上事務的看法。

謹致我最高的敬意和尊重！

達賴喇嘛謹啟

一九八一年三月二十三日致鄧小平函的備忘錄

根據嘉樂頓珠最近與北京接觸的結果，我們已派出三個考察團前往西藏。第四個預訂於今年四月啟程。雖然北京已同意從印度派出五十名教師前往西藏各學校任教二年，並在拉薩開設聯絡辦事處以利雙方接觸，但嘉樂頓珠最近接獲從香港新華社傳來的以下函件：

一、有關第四個考察團的事，目前尚未定案。我們不久後將會透過香港或是中國駐新德里大使館做出回應。

二、雖然我們原則上同意在拉薩設立聯絡辦事處，以及派遣教師等事，但開設聯絡辦事處之事最好暫緩。我們應該透過香港或是中國駐新德里大使館進行接觸。

三、老師們在印度生長，享受良好的設施，他們在目前各種物質貧乏的西藏生活時將遭遇種種不便，這可能有害於他們的士氣。因此我們建議教師團的事也暫緩實施。部分老師目前可暫時派往中國國內的民族學校，然後再逐步進入西藏。（後來我們收到中共駐新德里大使館的信，表示第四考察團今年內暫不考慮。）

以下是我們對上述事務的立場：

一、我們同意今年內不派第四考察團，以及暫時不在拉薩開設聯絡辦事處。

二、關於教師入藏事宜，由於教師們都已經瞭解西藏各學校的困難情形，這既不會降低他們的士氣，更不會妨礙他們的工作。最重要的，是派遣教師進入西藏的宗旨就是要提升居住在艱困環境中學生的教育標準。我們希望你能重新考慮這件事。老師們將只專注於教育事務而不會從事任何的政治活動。因此沒有必要擔心這件事。

一九九二年九月十一日致鄧小平函

親愛的鄧小平先生：

我很高興我們之間再度建立直接的聯繫。我希望這能帶來關係的改善與增進相互的了解與信任。

我已得知一九九二年六月二十二日丁關根先生與嘉樂頓珠的會談內容，以及中國政府關於西藏問題解決之道的談判立場。對於丁關根先生所傳達的強硬態度與沒有彈性的立場，我表示失望，特別是強調談判的前提。

然而，我仍然相信，為了西藏人民與中國人民雙方的利益，我們的問題只能經由談判獲得解決，且在一種誠懇開放的氛圍中進行。為了要讓這件事可能實行，雙方都不應該設置障礙，因此任一方都不應該提出前提。

為了要展開有意義的談判，相互信任是根本必要的。因此，為了建立信任，我相信讓中國領導人和人民知道，迄今我已做了哪些努力是很重要的。我的三位代表帶著一封我寫的信，附上一份詳細的備忘錄，說明了我的觀點，與這麼多年來為了西藏人民與中國人民最佳利益而推動談判的努力。他們會回答與討論您希望提出的任何問題與要點。我希望經由這些重啟的討論，將能找到引導我們進入談判的道路。

就我而言，我已經提出解決我們問題的許多想法。如果您希望看到西藏與中國和平地生活在一起，我相信現在正是中國政府提出一個真正有意義的方案之時。因此，我誠摯地希望您會以開放與友誼的精神予以回應。

達賴喇嘛謹啟

一九九二年九月十一日致江澤民函

親愛的江澤民先生：

我很高興我們之間再度建立直接的聯繫。我希望這能帶來關係的改善與增進相互的了解與信任。

我已得知一九九二年六月二十二日丁關根先生與嘉樂頓珠的會談內容，以及中國政府關於西藏問題解決之道的談判立場。對於丁關根先生所傳達的強硬態度與沒有彈性的立場，我表示失望，特別是強調談判的前提。

然而，我仍然相信，為了西藏人民與中國人民雙方的利益，我們的問題只能經由談判獲得解決，且在一種誠懇開放的氛圍中進行。為了要讓這件事可能實行，雙方都不應該設置障礙，因此任一方都不應該提出前提。

為了要展開有意義的談判，相互信任是根本必要的。因此，為了建立信任，我相信讓中國領導人和人民知道，迄今我已做了哪些努力是很重要的。我的三位代表帶著一封我寫的信，附上一份詳細的備忘錄，說明了我的觀點，與這麼多年來為了西藏人民與中國人民最佳利益而推動談判的努力。他們會回答與討論您希望提出的任何問題與要點。我希望經由這些重啟的討論，將能找到引導我們進入談判的道路。

就我而言，我已經提出解決我們問題的許多想法。如果您希望看到西藏與中國和平地生活在一起，我相信現在正是中國政府提出一個真正有意義的方案之時。因此，我誠摯地希望您會以開放與友誼的精神予以回應。

達賴喇嘛謹啟

一九九二年九月十一日致鄧小平與江澤民函的備忘錄[1]

（原為藏文）

一九九二年六月廿二日，中共中央統戰部長丁關根在北京與嘉樂頓珠會晤，他重申鄧小平一九七九年的保證說，除開獨立之外，中國政府願意與我們討論和解決任何的問題。丁關根還說，在中國政府看來，「達賴喇嘛還在從事獨立的活動」，但只要我放棄藏獨，中國政府願意立即開始談判。中國政府過去曾再三說過的此一立場，顯示中國的領導階層還是不瞭解我們對藏中關係的看法。因此我利用這個備忘錄來說明我的立場。

一、西藏和中國過去是兩個不同國家，是一個既定事實。不過由於對西藏與元朝和清朝間獨特關係的誤解，導致西藏與國民黨和現在中國政府間的爭議。中國政府於一九

1 《達賴喇嘛致鄧小平和江澤民的備忘錄》（一九九二年九月十一日），引自「第十四世達賴喇嘛官方國際華文網站」：http://www.dalailamaworld.com/topic.php?t=217，部分內容經由達賴喇嘛辦公室才嘉祕書長根據藏文原文修訂。

五一年與西藏政府簽署「十七條協議」，就明確地顯示中國承認西藏的獨特地位。

二、我於一九五四年訪問北京時，得到的印象是大部份中國官員都很誠實、直率而且心胸開放。尤其是毛澤東，他曾數度告訴我說中國人入藏只是為了幫助西藏人開發其天然資源，並且利用這些資源來發展西藏，張經武和范明兩位將軍是在西藏幫助我和西藏的人民，並不是要統治西藏，所有的中國官員都是幫忙，而且將在西藏開發後撤離。任何不如此做的官員將會被送返中國。毛主席還說他已經決定不將西藏納入中國政府所設「軍政委員會」直接管轄，而以設立「建立西藏自治區籌備委員會」取代。我在離開中國前最後一次與毛主席見面時，他對我詳細說明民主的意義。他說我必須提供領導，而且還教我如何接近民意。他說話很溫柔，很客氣，很令人感動。

我在北京的時候向周恩來總理說，我們藏人完全瞭解我們必須在政治、社會和經濟上尋求發展，而事實上我們已經在如此做。

我在回西藏的路上對張國華將軍說，我在去中國之前心中對西藏的前途充滿疑問和焦慮，但現在回去的時候則是充滿了希望和樂觀，並且對中共的官員有非常好的印象。我心中亟於服務我的同胞，尤其是貧病孤獨者，西藏和中國互相合作和發展友誼的前景使我感到希望和樂觀。這是我當時對藏中關係的觀感。

三、西藏自治區籌備委員會於一九五六年成立，為了雙方的利益，我們只有努力合作。不過這時中國已經開始使用令人難以想像的暴力手段，在西藏東部理塘等康和安多地區實施共產主義。這增加了藏人對中國的政策日益不滿，結果釀成公開的抗暴運動。

由於我在中國時毛澤東曾對我信誓旦旦，我不相信他會下令實施這種高壓的政策，因此我連發三函，向他解釋當時狀況，並希望他制止這種高壓政策。令人遺憾的是沒有人回信給我。

一九五六年底，我前往印度參加佛陀誕辰紀念慶典。當時有很多藏人勸我不要回西藏，就留在印度繼續與中國談判。我也覺得我應該暫時留在印度。我在印度時還碰上周恩來，我跟他說我對於假「改革」之名對西藏人民進行軍事迫害感到非常的哀傷。周恩來說他認為那些都是中國官員所犯的錯誤，在西藏的「改革」應該按照西藏人民的意願進行，而事實上中國政府已經決定要把西藏的改革推遲六年。他然後建議我盡快回到西藏，以避免暴亂再度發生。

印度總理尼赫魯說，周恩來曾經告訴他說中國「不把西藏視為中國的一個省」。西藏的人民與中國的人民不同。所以中國視西藏一個自治區。尼赫魯說他向周恩來保證西藏人民會尊重這個自治，並因此建議我促成與中國合作實施改革。這時西藏的情況已經又危險又緊急，但我決定回到西藏，給中國政府一個實行改革的機會。我經過亞東、江孜、日喀則回到拉薩，跟西藏和中國官員進行多次談話，我告訴他們漢人入藏不是去統治藏人，藏人不是漢人的子民，而且中國官員承諾西藏自治，讓藏人享有完全的內政自由，大家要一起努力。我強調，中國的領導階層曾經向我保證，所有在西藏的中國官員都是去幫助我們的，如果他們不幫助我們，就是違抗他們政府的命令。我相信我在盡力促成西藏與中國之間的合作。

四、然而由於中國在西藏東部進行嚴苛的軍事鎮壓，數以千計的康和安多藏人無法忍受這種生活，都逃到拉薩來避難。中國的行為使西藏人民焦慮，並且開始對中國的承諾喪失信心。這造成普遍的不滿和情勢的惡化。無論如何，我繼續要求我的同胞忍耐，設法取得和平的解決方法。我冒著失去同胞信任的可能性，全力維持與中國駐拉薩官員的連繫。然而情勢繼續惡化，一直到一九五九年失控，迫使我逃離西藏。

面臨這種絕望的情勢，我沒有其他選擇，只好向聯合國求助。聯合國在一九五九、一九六一和一九六五年連續通過三個決議案，要求中國「停止剝奪西藏人民包括自決權在內的基本人權和自由」，並責成所有會員國盡一切努力達成此一目的。

中國政府並不尊重聯合國的決議。後來文化大革命爆發，解決西藏問題更是遙不可及。我們連找一個可以共事的中國領導都不可得。

五、雖然我對與中國政府的交往沒有如願甚感失望，不過鑒於西藏和中國將永遠毗鄰而居，我深信我們必須找出一個和平相處、互相幫助的方法。我相信這是值得我們努力的。由於這個信念，我在一九七一年三月十日的公開聲明中說：「雖然西藏人民要反對共產中國是事實，但我永遠無法仇恨其人民。仇恨不是力量，而是弱點的象徵。佛陀說，以恨不能止恨，這句話代表人生的現實。因為仇恨所取得的，必不長久。在另外一方面，仇恨反而會製造問題。對於處身於如此悲慘環境中的西藏人民而言，仇恨只會帶來更多的鎮壓。還有，我們怎樣去恨一個不知道他自己在做什麼事情的人呢？我們怎樣去恨千千萬萬沒有權勢而且無助地被統治的中國人呢？我們甚至於不能去恨中國的領導階層，因為他們也為了他們的國家和理想受盡艱辛。我不相信仇恨，但我一直深信，真理和正義有一天會勝利。」

針對中共所說西藏在被「從三大封建領主手中解放」之後，西藏人民成為「國家的主人」，而且享受「空前的進步和幸福」，我於一九七三年三月十日發表聲明說：「流亡在外的西藏人的鬥爭的目標，就是要謀求西藏人民的幸福。如果西藏境內的藏人在中國統治下真的幸福快樂，我們就沒有理由流亡。」

我在一九七九年三月十日的演說則對鄧小平的提出的「實事求是」，給予中國人民他們渴望已久的權利，和每個人都要瞭解他錯誤和短處等的說法表示歡迎。我在讚揚這些是誠實、進步和開放的跡象之餘，表示：「中國現在的領導階層應該放棄過去教條式的狹隘心胸和害怕丟臉，並且瞭解目前的世界局勢。他們應該接受他們的錯誤，接受事實，接受所有人類都有平等和幸福的權利。不只要在紙上接受這些，還要付諸實施。如果接受並嚴格實施，所有的問題都可以以誠信來解決。」基於這種信念，我重新敲定了我推動西藏和中國和解和友誼的努力方向。

六、鄧小平於一九七九年邀請嘉樂頓珠赴北京，並且告訴嘉樂頓珠說，除西藏完全獨立之外，所有的問題都可以討論，都可以解決。鄧小平更進一步對嘉樂說，我們彼此必須恢復連絡，而且我們可以派遣考察團進入西藏。這當然使我們對和平解決西藏問題充滿了希望，而且開始派代表團進入。

一九八一年三月廿三日，我致函鄧小平說：

「三個考察團都看到好的和壞的情形。如果西藏人民的傳統文化得以保存，如果他們真的快樂，那我沒有話說。但在事實上，九成以上的西藏人民都在心理或是生理上受到迫害，而且生活在深深的悲痛之中。這些悲慘的情況不是因為天災，而是因為人禍而起。因此我們必須全力按照現況以合理法解決這個問題。

為解決問題，我們必須改善西藏與中國，以及西藏境內和流亡在外藏人之間的關係。我們要以真理和平等為基礎，設法在未來透過彼此瞭解建立藏人與漢人間更好的關係。以我們的共同智慧，在容忍和寬宥的精神下為西藏人民謀求真正的幸福，已經到了刻不容緩的地步。在我這方面，我還是要為所有人類的福祉而努力，不分國界，盡我全力。

我希望你讓我知道你對上述數點的看法。」

這封信沒有回信。到一九八一年七月廿八日，胡耀邦總書記給了嘉樂頓珠一份文件，「對達賴喇嘛的五條方針」。

這讓我感到驚訝和失望。我們不斷與中國政府溝通的目的，就是為讓六百萬世代住在中國旁邊的西藏人民得到真正長久的快樂。可惜中國領導人選擇不理會我們，並且試圖將整個問題導入我個人問題的方向，以及在毫無解決真正問題意願情況下讓我回到西藏的條件等。

雖然如此，我還是對鄧小平的從「實事求是」和他的自由化政策存有信心。我派出一些考察團前往西藏和中國，以及有機會說明我們的立場並透過討論促進瞭解的任何地方。按照鄧小平開始時的提議，我還同意從印度派遣藏人教員改善西藏人的教育。不過由於各種原因，中國政府沒有同意這件事。

這些接觸導致四個考察團前往西藏、兩個代表團赴北京、以及流亡藏人的返鄉探親。不過由於中國官員不遵從鄧小平的政策，而且立場僵硬，因此這些步驟並未帶來任何解決問題的實質進展。

七、我還是不放棄希望。我在一九八一、八三、八四、八五年的三月十日演說中都有做以下表示：

「過去的歷史已成過去。更重要的是將來必須透過與中國發展良好關係而取得真正的和平和快樂。如果如此，雙方都必須努力，互相容忍諒解，開放心胸。」（一九八一年）

「表達和實行一個人意見的權利讓人類得以有開創性和進步，並使人類社會迅速進化並得以享有真正的和諧……無論是以強制或其他手段剝奪別人的言論自由都是絕對專制而殘暴的迫害。……全球人類不只是反對，而且要譴責這種行徑。因此，六百萬藏人必須有權維護並增強他們的文化和信仰自由，有權決定他們自己的命運並管理自己的事務，有權不受任何人干涉而有表達的自由。這合理而且公平。」（一九八三年）

「無論經濟發展到何種程度，貧富有多懸殊，各大洲、國家、社會、家庭、和所有的個人的生存和福祉都要與別人依存。每一個人都希望幸福，沒有人喜歡受苦。明白這點之後，我們必須建立互助互愛，和基本的公平觀。在這種氣氛之下，大至國家間的紛爭和小至家庭內部的問題都可以逐漸解決，人人可以活在和平與和諧之中。相反的，如果大家都自私、嫉妒，則大至世界，小至個人都永遠不會有和平與和諧。因此我相信互助和互愛的人際關係是人類幸福的基礎。」（一九八四年）

「……為使任何人類社會真正的幸福，思想的自由是極其重要。思想的自由只能靠互相信任、互相瞭解和互相沒有畏懼而獲致。西藏與中國也是一樣，除非我們除去互相畏懼和互相不信任，除非我們可以發展真正的友誼和善意，我們今天所面對的問題還會繼續存在。

我們彼此互相瞭解是很重要的……現在中國要按照現代的新觀念和新原則來行動，要有開放的心胸，而且要全力瞭解藏人的看法和真正的感覺。以懷疑或敵意的態度來因應異議是不對的。意見的不同必須公開檢查和討論。當不同的論點被公開陳述並經過公平合理的討論之後，因而產生的決策或協議才是真正而且對所有各方都有利的。只要有思想和行動上的矛盾，就永遠不可能有真正而有意義的協議。

所以我覺得目前最重要的事就是維持密切接觸，來坦誠表達我們的意願，來全力彼此瞭解。然後透過人際關係的真正改善，我相信我們的問題可以在平等、雙贏的基礎上獲得圓滿的解決。」（一九八五年）

我用各種方式明白地表達我的看法，可惜我如此委曲求全，卻沒有回應。

八、既然西藏對中國所有的交流都沒有結果，我覺得有必要把我對於取得根本問題的解決方法所需做的步驟公開。一九八七年九月廿一日，我在美國提出了五點和平方案。在導言中我說為了讓這個問題有一個真正的和解和最後的解決，我願意走這第一步。我希望這個和平方案將來會有助於促進所有鄰國間的友誼和合作，這包括中國在內。五點和平方案的基本要素是：

1. 將整個西藏變成和平非暴力區；
2. 停止中國的人口遷徙政策，這項政策威脅到西藏人的生存；
3. 尊重西藏人民的基本人權和自由民主；
4. 恢復並保護西藏的天然資源，停止中國在西藏生產核武並棄置核子廢料的行為；
5. 開始就西藏未來地位，以及藏中關係展開嚴肅的談判。

做為對於這項提議的回應，閻明復先生於一九八七年十月十七日會見了嘉樂頓珠，並且提出一項五點聲明，指責我的和平動作，並指控我策動一九八七年九月廿一日的拉薩示威事件並且從事違反藏人利益的活動。

此一回應絲毫不考慮我的和平提議，是自貶身份而令人感到失望的。

法。

雖然如此，我還是於一九八七年十二月十七日以一份詳盡的十四點意見說明我的看法。

九、我於一九八八年六月十五日在斯特拉斯堡的歐洲議會兩度說明我的五點和平方案。為透過談判取得西藏人民的基本權利，我建議中國繼續負責西藏的外交，在西藏設置有限的軍事防衛設施，一直到地區和平會議召開，將西藏轉變為中立的和平區為止。我這項提議受到很多藏人的指責。我的想法是在設法取得西藏人治理他們自己的國家的同時，讓西藏和中國能夠保有長久的友誼。我深深地相信西藏如果成為一個非軍事化的和平區，將有助於西藏和中國以及四鄰和整個地區的和諧和和平。

十、一九八八年九月廿三日，中國政府宣佈願意與我們談判，並表示談判的時間和地點將由達賴喇嘛決定。我們歡迎北京這個宣佈，並於同年十月廿五日回覆，建議於翌年元月在國際承認的中立地點日內瓦展開談判。我們宣佈已組成談判小組，並將小組的名單公開。

中國政府於一九八八年十一月十八日表示反對日內瓦，並建議在北京或香港舉行會談。他們並且表示我們的談判小組不應該包括有「外國人」，而且都是「年輕人」，他們說談判小組應該有年齡較大的人，而且要嘉樂頓珠在內。我們解釋說那個外國人只是一名法律顧問，而並非談判小組的成員，而且嘉樂頓珠也是談判小組的顧問。

我們以彈性而開放的心胸接受了中國政府的要求，同意派遣代表赴香港，與中國政府代表舉行初步會談。不幸的是，雙方都同意以香港為初步談判的地點之後，中國政府卻突然拒絕任何進一步的溝通，而且他們自己所提的談判建議從此也無疾而終。

十一、雖然我這些建議已經提出來兩年多，但沒有任何跡象顯示中國政府考慮過這些建議，連承認都沒承認過。

因此我在一九九一年三月十日的演說中被迫聲明，除非中國政府在近日內提出回應，否則我將認為我自己不受任何我在斯特拉斯堡所提建議之約束。

我所提有關解決西藏和中國問題的建議既然無效，我只有另覓他途。一九九一年十月九日在耶魯大學演講時，我說：「……我在考慮盡快返鄉探視的可能性。這種返鄉有兩個目的。

第一個是親自現場瞭解西藏的情形，並與我的同胞直接對話。我這樣做還可以幫助中國的領導階層瞭解藏人真正的想法。因此中國派出資深官員，還有包括記者在內的外界觀察員陪同我返回西藏是很重要的。

第二，我想建議並說服我的同胞放棄暴力抗爭。我與藏人對話的能力可能是獲致和平解決的重要因素。我的返鄉可能是促進瞭解和造成談判解決基礎的一個新契機。」

不幸的是，這些建議很快就被中共否決。那一陣子我常常被新聞界問到，既然我宣佈斯特拉斯堡發言無效，是不是轉而支持西藏獨立。我對這些問題的回答都是不願置評。

十二、中國政府時常充滿懷疑地形容我們在搞「封建社會」的復辟，這是不合西藏人民利益，而只有利於達賴喇嘛個人的地位和利益。我從幼年起就知道現在的西藏體系有很多的問題，而想改革這些問題。那時我已著手在西藏進行改革，後來我逃到印度之後，就在流亡社區內逐步施行民主，並再三教誨人民遵循民主的道路。結果是目前我們的流亡社區所實施的民主完全符合國際的民主原則。西藏想要回到舊式的系統是完全不可能的。我在西藏的努力是否一如中國政府所稱，是為我個人地位和利益，可以從我再三聲明無意在未來西藏政府中佔據一官半職而得到證明。還有，《西藏流亡憲章》和我於一九九二年二月廿六日所提出的《西藏未來政體及其憲法基本特性綱領》中，對此都說得很清楚。

我在這份綱領的結論中說，西藏不應受到其他國家政策或意識形態的影響，而應該成為一個不折不扣的中立國家。西藏應該與其鄰國在平等互利的原則上維持和睦的關係。西藏應該與所有國家維持熱誠的關係，而沒有任何的敵意。

同樣的，我在一九九二年三月十日的聲明中說，「當西藏和中國建立真正密切的關係之後，將使我們不僅可以解決兩個民族之間的爭端，還可以透過西藏豐富的文化傳統能使成千上萬的中國年輕人成為精神上和平安寧的受益者。」

我設法與中國領導人建立個人關係，包括透過中國駐印度大使館於一九八〇年下半年建議與中共總書記胡耀邦在他出國訪問時的任何地方見面。一九九一年十二月當中國總理李鵬訪問新德里時，我又提議與他在新德里見面。這些努力都沒有任何結果。

十三、仔細研究上述各點，可以明顯地看到我的觀念，和一貫謀求讓西藏人和中國人可以和平相處的解決方案之努力。中國說，鄧小平一九七九年所做有關西藏問題的說法仍然有效，而只要「達賴喇嘛放棄他的分裂主義活動」，談判可以展開，在知道上述這些事實後，中國政府立場就很難瞭解。中共一再重申這些立場，對我的建議卻置若罔聞。

如果中國要西藏留在中國之內，則中國必須創造必要的條件。中國人必須顯示出來藏人和漢人可以和平相處的方法，中國人必須詳細而逐步說明有關西藏的根本地位，如果有這樣明確的綱領，無論協議是否可能達成，我們藏人就可以決定是否要與漢人生活在一起。如果我們藏人滿意地取得我們的基本人權，則我們不會看不出與漢人共同生活所可能帶來的好處。

我相信中國領導階層的遠見和智慧，希望他們會考慮目前的國際政治變化，以及和平解決西藏問題、促進兩個毗鄰而居民族之間長遠友誼的需要。

一九九七年致江澤民的哀悼函

閣下：

對於鄧小平先生的離世，我希望對他的家人以及中華人民共和國的人民與政府表達我的哀悼之情。鄧小平先生的逝世是中國的一大損失。

當我於一九五四年訪問中國時，我和鄧小平先生見過面。他是一位中國的革命元老與偉大領導人，他具有超乎常人的勇氣、堅忍、才能與領導力。

就西藏而言，一九七九年鄧小平先生邀請我哥哥嘉樂頓珠先生前往北京，對他說除了西藏完全獨立以外，其他任何事都可以協商解決。由於被中國全面改變以及針對西藏問題新的務實態度鼓勵，從那時候開始，我便一直誠懇地試圖與中國政府針對西藏的未來，進行認真的談判。令人離過的是在過去的十八年中，中國政府一直沒有正面回應我在鄧小平先生所說的架構中，對於以談判解決我們的問題所提出的方案與新措施。

我很遺憾，在鄧先生的有生之年，我們無法展開關於西藏問題的實質性談判。但我深信，鄧先生的去世給藏人和漢人帶來了新的機會和挑戰。我非常希望，在您的領導下，中國政府能夠發揚智慧，以和解和折衷的精神，透過談判解決西藏問題。至於我自己，我仍然堅定地相信，我們之間的問題，只能在誠懇和開放的氣氛中，透過談判解決。

祝福並祈禱！

達賴喇嘛

一九九七年致江澤民函[2]

閣下：

在您與其他中國領導人籌備即將來臨的重要黨代表大會之時，我想努力再次提出盡快解決西藏問題的迫切需要。

近五十年來，西藏問題已經帶給藏人深切的痛苦，身心皆然。再者，無法解決西藏問題已讓中國這個偉大國家的國際形象與聲望日益失色。

我個人對中國懷有極大的尊敬與景仰，誠懇地希望中國成為國際友好的領導成員。如果我們能盡快找到雙方都能接受的西藏問題解決辦法，對藏人和漢人都更好。我依然相信，基於雙方最真誠的努力，我們能夠找到解決之道。就我而言，中國領導人對我的立場所可能產生的疑慮，我已抓緊每個時機澄清。

我相信展望未來比囿於過去更為重要。重要之事是為人民謀最大利益。基於這個信念，我提出了西藏不需與中國分離的解決辦法。如果您查閱我在一九八八年所概述的計

2　這封信於一九九七年九月二十八日，由美國參議員黛安・范斯坦（Dianne Feinstein）和她的丈夫理察・布魯姆（Richard Blum）與中國國家主席見面時，親手轉交給江澤民國家主席。

畫，會發現那與中國對香港與臺灣採取的政策一致。我的計畫與「一國兩制」的政治觀念並無不同，很清楚地涵蓋在鄧小平先生就西藏問題所規畫的架構之內。

過去這幾年，由於雙方缺乏直接接觸，雙方的誤解與不信任增加，導致彼此產生更深的疏離感。這令人相當遺憾，不論是對藏人或是對您的政府而言，都是不利的。幾世紀以來，藏人與漢人毗鄰而居，未來也仍將如此。儘管國際間對西藏的支持有所增長，但終究依然要由藏人與漢人找到一個彼此都可接受的解決辦法。

因此，現在正是我們所有人要以勇氣、願景和智慧行動的時候。我仍然願意奉獻我的餘生，致力於藏漢民族之間的和解、相互尊重與友誼。我向您保證，在找尋雙方可接受與對彼此有利的西藏問題解決方法時，您將理解我是一位堅定的夥伴。

因此，我想要提議，我的代表與中國領導階層官員在可能的時間盡早會面，提供我們了解彼此想法的機會。我們需要有新的契機以建立信心與信任。我希望在您領導之下的政府，能夠聰明而務實地採取行動，盡早給我們一個合宜的回應。

祝福並祈禱！

達賴喇嘛

附錄D

《有關全體西藏民族實現名符其實自治的建議》[1]

第一、介紹

二〇〇二年與中華人民共和國中央政府恢復對話以後，十四世達賴喇嘛的代表與中央政府代表之間多次進行了會談，其間，我方詳細闡釋了西藏人民的真實願望。以互利為基礎的中間道路之精神是，西藏民族在不違背中華人民共和國憲法宗旨的情況下，得到名副其實的民族自治地位。這也是基於藏漢民族眼前和長遠的利益。我們明確做出了

1　《有關全體西藏民族實現名符其實自治的建議》，引自「藏人行政中央」網站：https://xizang-zhiye.org/%E6%9C%89%E9%97%9C%E5%85%A8%E9%AB%94%E8%A5%BF%E8%97%8F%E6%B0%91%E6%97%8F%E5%AF%A6%E7%8F%BE%E5%90%8D%E7%AC%A6%E5%85%B6%E5%AF%A6%E8%87%AA%E6%B2%BB%E7%9A%84%E5%BB%BA%E8%AD%B0/

不尋求獨立或分裂的承諾，並設法通過名符其實的民族自治來解決西藏問題。這完全符合中華人民共和國憲法中有關自治的條款。而且保護和發展西藏民族的特性與形式，不僅對整個人類，對藏漢民族尤為有利。

二〇〇八年七月一至二日舉行的第七次會談期間，中共政協副主席。中央統戰部部長杜青林先生表達了希望達賴喇嘛對西藏的穩定和發展提出建議或意見的呼籲；中央統戰部常務副部長朱維群也表示希望聽到藏人所尋求的自治的標準或形式，以及在不違背中華人民共和國憲法的情況下，我方對地方區域自治的看法。因此，本建議詳細闡釋了我們對名符其實自治的立場，以及根據我們對中華人民共和國憲法的理解，若能確實執行，可以滿足西藏人民特別利益要求的立場。達賴喇嘛也相信，在中華人民共和國的框架下，如果實行名符其實的自治，則西藏人民的基本需求應可以得到滿足。中華人民共和國是一個多民族的國家，和別的國家一樣，通過賦予各少數民族自治的權利來解決民族問題。中華人民共和國憲法有關自治的基本原則和目的，與西藏人民的需求和願望是相符的。民族區域自治的目的是在拋棄大漢族主義和地方民族主義的前提下，避免民族壓迫和民族分裂，通過賦予各民族當家作主的權利，以保障各少數民族的特性和文化。

根據我們的理解，憲法有關自治的原則，可以在一定程度上滿足藏人的需求。憲法在一些相關問題上，對相關國家機關在自治問題上賦予了特別解決或實施的權利，要實現基於西藏特性而實施的名符其實的自治，施行上述各項特殊權利是必須的。在施行過程中，為了與西藏民族的需求和特性相適宜，可能需要對某些自治條款重新進行研究和調正。如果雙方真的具有誠意，則目前的所有問題都可以通過憲法規定的自治原則得到解決。如此，則國家的統一穩定，藏民族與其它各民族間的和諧親密關係等均可實現。

第二、尊重西藏民族的同一性

拋開現行的行政區劃，所有藏人做為同一的民族，統一聚居的現實必須得到尊重。這不僅符合憲法有關民族區域自治的宗旨，目的和基本原則，而且也是實現民族平等的基礎。

不論語言，文化，佛教傳統或是獨特的風俗習慣等，西藏民族具有同一的民族屬性是不爭的事實。西藏民族不僅具有共同的歷史，而且不論其政治或行政區域如何地分合，其宗教，文化，教育，語言，生活習慣，地理環境等始終都是統一的。

以地理環境而言，所有藏人都聚居在高原地帶。由於西藏民族幾千年來一直居住在西藏高原，因此西藏民族也是西藏高原的原住民族。根據憲法有關民族區域自治的原則，事實上藏人做為一個民族世代居住在整個西藏高原。

基於上述事實，中華人民共和國也承認西藏民族是五十五個少數民族中的一個民族。

第三、藏人的真實期望

西藏民族有它獨特的歷史，文化，宗教和傳統風俗習慣，這一切也是人類文明寶貴的一部分。西藏民族希望保存祖先留下的這些寶貴遺產，並根據二十一世紀的需求，弘揚和發展這些宗教與文化遺產。

如果作為多民族之中華人民共和國的一員而共處，則西藏民族將會從國家的經濟與科學發展中得到巨大利益，我們希望在這一發展過程中盡己一份力，共同協力配合。同時，西藏民族也希望西藏民族的特性，民族文化和精神得以保存和延續；希望西藏民族自古以來世代居住之脆弱的高原生態環境能夠得到保護。

對西藏民族特殊性的承認是一直的，這一點在十七條協議，以及歷屆中華人民共和國領導人的講話或政策中都有明確的表現。確定西藏民族的自治地位和自治形式等都是基於這一點的。憲法也確定了根據少數民族的不同特性和需求而予寬容對待的基本原則。

達賴喇嘛有關在中華人民共和國的框架下，解決西藏問題的立場是明確堅定的。達賴喇嘛所秉持的立場，與鄧小平先生所重申「只要不談西藏獨立，其他問題都可以協商解決」的精神是完全符合的。我們尊重中華人民共和國的領土統一，同時也希望中央政府承認和尊重西藏民族在中華人民共和國的範圍內實行同一的，名符其實之民族區域自治的權利。這是化解彼此矛盾的基礎，也是中華人民共和國各民族間實現團結，和諧與穩定的近因。

西藏民族的特性之發展要順應全球，尤其是國內的發展；同時，經濟，社會和政治的發展，必須要尊重和愛護西藏民族自己的特點。要實現這一切，就必須要承認西藏人民的自治權利，而且其實施要符合藏人自己的需求，特性和重點，並涵蓋所有西藏民族聚居的地區。

由於保護西藏的民族文化和特性，只能靠藏人自己，其他任誰也沒有辦法達成。因此，西藏人民要在自我幫助，自我發展和自我治理與中央政府或各省區對西藏的幫助指導之間掌握平衡，這是極為重要的。

第四、藏人的基本需求及自主管理

[1] 語文

語文是表現民族本質的最重要的特徵。藏語不僅是藏族互相溝通的語言，而且也是我們書寫文章，歷史，佛學教義或科學技術等知識的唯一語言文字。藏語文是一個與梵文相媲美的文字，具有很高的表達能力，從梵文翻譯的內容，不論詞意，藏語文是唯一可以還原梵文的語言文字，因此，藏語文不僅是世界上音譯最多和最好的文字，而且也被一些學者推崇為著作最豐富和數量最多的文字。

憲法第四條規定，各民族都有使用和發展自己語言文字的自由，從而保障了使用各自語言文字的權利。西藏民族在使用和發展自己語言文字中，藏語文是首要的，必須要得到尊重。各藏族自治地區的語言文字也應以藏文文為主。

這一觀點在憲法第一百二十一條中有明確寬泛的認可：「民族自治地方的自治機關在執行職務時，依照本民族自治地方自治條列的規定，使用當地通用的一種或者幾種語言文字」。在《民族區域自治法》第十條裡也規定：「民族自治地方的自治機關保障本地方各民族都有使用和發展自己的語言文字的自由」。

《民族區域自治法》第三十六條也明確規定：「民族自治地方的自治機關根據國家的教育方針，依照法律規定，決定本地方的教育規劃，各級各類學校的設置，教學內容，教學用語和招生辦法等規則」。這一條款認同了在藏族地區使用藏語文教學的觀點。

[2] 文化

實行民族區域自治的根本目的是為了保護少數民族的文化，因此中華人民共和國憲法第二十二條，四十七條，八十九條，以及民族區域自治法第三十八條等都規定了有關保護文化的條款。西藏的文化與藏人的宗教，傳統，語言和特性等有著極為密切的連繫，現今的西藏文化在各方面都面臨著極大的困難。生活在多民族的中華人民共和國領域內的西藏民族，要依照憲法所保障的權利，保護自己民族的獨特文化。

[3] 宗教

宗教涉及西藏的根本問題，佛教與我們的本質有著密切的聯繫。我們雖然認同政教制度的分離是很重要的，但不能因此侵犯信徒的自由和宗教實踐。對西藏人民而言，如果沒有信仰自由和思想自由，則其它的個人或集體自由都是無法想像的。憲法強調和保障了宗教信仰與宗教活動的自由。憲法第三十六條明確保障了公民的宗教信仰自由和權利，規定「任何國家機關，社會團體和各人不得強制公民信仰宗教或者不信仰宗教，不得歧視信仰宗教的公民和不信仰宗教的公民」。

將憲法的上述條款，以國際通用的標準去闡釋的話，信仰或實踐的方式也包含在宗教自由的範圍內，這些自由包括根據宗教傳統管理寺院，研習和實踐教法，根據宗教制度確定入寺僧侶的人數和年齡，以及自由從事講經說法等宗教儀式和活動。因此，對一般的宗教活動，包括師徒關係，寺院管理，轉世靈童的認證等事務，政府都不應進行干涉。

[4] 教育

西藏人民希望通過與中央教育部門的合作，制定屬於西藏自己的教育制度和自主進行管理的願望，在憲法的相關規定和精神中得到支持。西藏人民同樣也希望參與科學技術的發展。在科學發展的過程中，我們同時也可以看到佛教的心理學，哲學和宇宙學等方面所發揮的作用正在越來越多地獲得國際社會的認同。

憲法第十九條規定，國家要保障公民享有義務教育。憲法第一百一十九條規定「民族自治地方的自治機關自主的管理本地方的教育事業……」。民族區域自治法第三十六條裡也有類似的規定。

有關決策方面，由於自治的權限不明確，因此需要強調的是，對藏民族的教育必須要施行名符其實的自治，這一點也得到了憲法有關自治原則的支持。

有關藏人希望參與科技發展的願望，在憲法（第一百一十九條）和民族區域自治法（第三十九條）中，對民族自治地方參與發展科學技術的權利做了明確的認定。

[5] 環境保護

西藏是亞洲諸多河流的源頭，也是世界的屋脊，地大物博，擁有豐富的礦產和森林等資源。西藏民族的環保傳統是基於不分人類或動物，敬重一切生命而不予傷害之理念所產生，因此西藏特殊的環境得到保護，沒有遭到汙染。

目前，西藏的生態環境正在遭到難於恢復的破壞，這一點從西藏的草地，農田，森林，水源以及野生動物所受到的影響中可見一斑。因此，根據民族區域自治法第四十五條和六十六條之規定，依照西藏過去的環保觀念和傳統，應賦予西藏制定環保政策以及進行管理的權利。

[6] 有關自然資源的使用

憲法和民族區域自治法都認可自治地方的自治機構，在保護和管理自然生態環境與自然資源方面的責任（民族區域自治法第二十七條，二十八條，四十五條，六十六條，憲法第一百一十八條亦規定要照顧民族自治地方的利益）。民族區域自治法確認「民族自治地方的自治機關保護，建設草原和森林」（第二十七條），規定「對可以由本地方開發的自然資源，優先合理開發利用」（第二十八條）。

土地所有權是利用自然資源，增加稅務和收入以提升經濟的基礎。因此在自治地區，所有不屬於國家的土地，應賦予自治民族依法獨享出租或交易等的權利，此點極為重要。同時，在符合國家發展規劃的情況下，自治地方應具有自行制定或推展發展計畫的權利。

[7] 經濟發展和貿易

發展西藏地區的經濟是必要的。在中華人民共和國的範圍內，西藏屬於經濟最落後的地區之一。

憲法確認民族自治機關根據地方的特點和需要，制定經濟建設的方針。（憲法第一百一十八條，民族區域自治法二十五條）。也確認民族自治地方的自治機關有管理地方財政的自治權（憲法第一百一十七條，民族區域自治法第三十二條）。並規定，國家從財政，物資，技術等方面幫助各少數民族加速發展經濟建設和文化建設事業（憲法第一百二十二條，民族區域自治法第二十二條）。

同樣，民族區域自治法第三十二條裡也規定，類似西藏這樣與其他國家接壤的自治地方，可以展開對外經濟貿易活動或邊界貿易。對於與其它國家有著文化，宗教，民族和經濟等共同特性的西藏人民而言，這一點尤為重要。

中央和各省的幫助雖然可以暫時獲益，但如果西藏人不能自食其力而需要依賴別人生存時，這將會是巨大的災難。因此，促使西藏人經濟自立也是實行自治的重要目的之一。

[8] 民眾的衛生

憲法規定政府賦有為民眾提供衛生和醫療服務的責任（憲法第二十一條）。憲法第一百一十九條裡也認定這是自治地方的責任，民族區域自治法第四十條裡也認定，民族自治地方的自治機關，自主解決本地方的醫療衛生事業的發展規劃，發展現代醫藥和民族傳統醫葯。依照上述條款的宗旨，民族自治機關必須要具有滿足所有藏人衛生需求的條件和能力。同樣要具備依照傳統將藏醫和天文曆法加以實施和發展的能力。

[9] 公共安全

解決關係民眾安全問題之工作人員或安全人員中，擁有了解和尊重地方傳統和風俗習慣的人員是極為重要的。

自治和全權管理自己事務的主要責任之一是，管理民眾的內部秩序，以及自治地方的安全。憲法第一百二十條和民族區域自治法第二十四條規定；「民族自治地方的自治機關依照國家的軍事制度和當地的實際需求，經國務院批准，可以組織本地方維護社會治安的公安部隊」。

[10] 管理外來移民方法的制度

民族區域自治和自主管理自身事務的根本目的，是為了保障少數民族的特性，文化和語言，以及落實當家作主的權利。允許甚至鼓勵漢族或其他民族人口向少數民族地區的大規模遷移，從根本上違背了民族區域自治的目的和理念。由於人口遷移所帶來的人口結構變化，將使藏漢民族的團結或統一無從談起，取而代之的是西藏的民族特性和獨特文化的日漸滅亡，藏民族也會消失在漢民族當中。同樣的，漢族或其他民族大量遷移到西藏各地，將會從根本上改變施行民族區域自治的基本構成要件，因為「少數民族聚居」區域實行自治的憲法之基本要件由於人口移民而被根本改變或遭到漢視。如果不阻止這類的大規模移民，則西藏民族終將難於聚族而居，從而失去憲法有關民族區域自治的權利。這種做法完全踐踏了憲法有關民族問題的精神原則。

中國曾經嚴格控制內部的人口遷徙和居留，但民族自治機構管理「外來」移民的權力卻極為有限。我們認為，為了尊重自治的原則和理念，給予各自治機關對中華人民共和國其它地區的人民在西藏居留，定居，工作或其它經濟活動自主制定相關法規的權利是極為重要的。

我們並沒有將定居西藏或長期留居西藏的其他民族成員驅走的想法。我們所擔心的僅僅是，鼓勵以漢族為主的其他民族成員大量移居西藏的結果，將會改變現有的西藏社會結構，西藏民族因此成為少數而被邊緣化，脆弱的西藏自然生態環境遭到無可挽回的破壞。

[11] 與其它國家在文化，教育，科學，宗教等領域的交流

在有關自治的內涵中，民族區域自治法第四十二條還規定，在文化，藝術，教育，科技，衛生，體育，宗教，環境，經濟等方面，與中華人民共和國境內各民族或各省市自治區的交流固然重要，同時，自治地區還有與其它國家進行交流的權利。

第五、對在中華人民共和國內的西藏人要進行統一的管理

基於西藏人民的上述基本需求，通過實施民族區域自治，保護和發展西藏的民族特性，文化以及佛教傳統，並在尋求發展的過程中，現今被中華人民共和國賦予自治地位的所有藏族地區，需要納入統一的自治管理範圍內。現今的行政區域劃分，將西藏人分散在中華人民共和國的自治區和許多省份當中，從而造成藏人被分散割裂，各個地區發展不平衡，同時也嚴重削弱了保護和弘揚民族特性，文化與佛教傳統的力量。這一政策不但沒有尊重西藏民族的統一性，反而進行民族分裂，對西藏民族的統一性製造障礙，踐踏了民族自治的精神。在新疆和蒙古等主要的少數民族地區，大部分人民都包含在各

自的自治區域內，而聚居的西藏民族卻被劃併不同的省區，彷佛在對待不同的民族。

將目前分散在各種自治地區的所有藏人統一在一個自治體系下，不僅符合憲法第四條的相關規定和精神，而且民族區域自治法第二條也規定：「各少數民族聚集的地方施行區域自治」。民族區域自治法的序言中也記載：「民族區域自治制度是由中國共產黨為了解決民族問題而制訂基本政策。民族區域自治是在國家的統一領導下，各少數民族聚集的地方實行區域自治，設立自治機關，行使自治權。實行民族區域自治，體現了國家充分尊重和保護各少數民族管理本民族內部事務權利的精神，體現了國家堅持實行各民族平等，團結和共同繁榮的原則」。

西藏民族在中華人民共和國範圍內享受自治權利時，如果能夠統一普及到整個西藏民族地區，將有助於實現具實質意義的民族區域自治。

民族區域自治法也傾向於認為民族區域自治的邊界是可以進行調整的。根據憲法有關自治的基本原則，尊重藏人統一性的願望完全是合法合理的，為此而改變部分行政管理範圍並不違背憲法精神，而且也有許多前例可循。

第六、自治的本質和架構

能否實現名符其實的自治，將依賴於上述各項自治問題以及藏人在這些問題上實施自治的程度或自治方式。因此需要考慮的是，如何才能制定和實行適合藏民族的特殊狀況和基本需求的法規。

要實現名符其實的自治，藏人還要有制定符合自己需求和特點的地方政府，政府組織，以及制度的權利。自治地方的人民代表大會，對本地方所有（涉及上述自治的）問題有制定法規的權力，以及在自治政府各部門的實施權利和自由決定的權力，自治權利也包括在中央國家級的相關權利機關中安置代表並發揮實質作用。為了使自治充分發揮效力，其商討方式必須具備功效，在相互關連密切或共同利益上，中央和地方政府要建立起合作解決的途徑。

實現名符其實自治的最重要條件之一是，要保障憲法和其它法律單方面取消或修改賦予各自治地方的權利和職責。也就是說，不論中央或自治地方，在未經另一方同意的情況下，不得擅自修改自治的基本條款。

有關符合西藏實際和需求之名符其實自治的範圍和特點，要根據憲法第一百一十六條（民族區域自治法第十九條）的相關規定，在自治條列中做出詳細的解釋，如果適當的話可以為此另外制定法規。包括第三十一條在內的憲法相關條款中，對於類似西藏這樣有著特殊地位的地區，在尊重國家的社會，經濟和政治制度的情況下，規定可以相應地適當放寬。

憲法第三章第六節也認定，民族區域自治地區具有自治政府和制定法規的權利，因此憲法第一百一十六條（民族區域自治法第十九條）規定：「依照當地民族的政治，經濟和文化的特點，制訂自治條列和單行條列」的權力。同時，憲法在很多方面賦予行政自治的權利（憲法第一百一十七到一百二十條），規定自治機關在適合地方的需求下，依照地方的實際情況，貫徹執行國家的法律。（憲法第一百一十五條）。

上述這些法律條件雖然對自治機關的決策權限造成一定的阻礙，但是憲法不僅接受了自治機關可以依照適合地方的需求制定法規和政策，而且，這些法規政策甚至可以和包括中央在內的其他機關所規定的不一致。

正如我們說明的那樣，藏人的需求與憲法的自治原則大致相符合，但在真正實施過程中，目前，由於種種原因而造成許多阻礙，甚至失去效力。

實施名符其實的自治，還需要權力分配，如中央和自治地方對一些問題的雙方權責問題進行明確分配等。就目前而言，在這些方面不僅沒有清楚的分配，自治地方的立法權利也沒有落實，仍遭到很大的阻礙。因此一方面憲法對於自治地方在很多問題上認定具有制定法規的特殊需求，但是另一方面根據憲法第一百一十六條的規定，卻必須要得到中華人民共和國全國人民代表大會常務委員會的批准，所以自治的原則在實施過程中多有阻礙。正式規定需要這種批准的只有自治地方的人民代表大會，中華人民共和國內各省的人民代表大會不需要得到這樣的批准，在制定地方性法規時，（非自治的）各省只要報全國人民代表大會常務委員會備案即可（憲法第一百條）。

在真正實行自治方面，依照憲法第一百一十五條之規定，必須要遵循諸多的法規和章程，其中一些法規甚至對自治地方的自治造成很大的阻礙，有些法規相互矛盾。因此自治的真實標準並沒有明確的落實，國家上級機關單方面制定法規和章程，甚至政策的改變也是單方面決定。如果中央和地方政府之間，對自治的標準和實施方面出現不同的看法，則缺乏為解決問題或進行溝通的足夠途徑，實事上並沒有明確的規定，這使得地方領導的工作受到阻礙，對西藏民族施行名符其實的自治也造成障礙。

此時，我們沒有為了這些問題和實行名符其實的自治而詳述藏人困難的意願，但是為了在往後的會談中，能夠適當的解決問題而做為例子而在此提出。我們會繼續學習憲法和有關法律，並在適當的時候發佈我們所知道的研究結果。

第七、未來前進方法

正如本建議的開頭所述，我們相信西藏人民的需求與中華人民共和國憲法有關自治的原則相符合。我們的目的是，就如何讓這些需求與中華人民共和國的架構相配合而進行討論。正如達賴喇嘛經常強調的那樣，我們並沒有任何隱藏的計劃，也絕對沒有在得到真正自治後，依此做為脫離中華人民共和國跳板的目的。

西藏流亡政府象徵著西藏人民的利益和西藏人民的代表，我們之間就上述問題和相關議題達成協議後，西藏流亡政府將失去存在的必要而會立即解散。事實上達賴喇嘛已多次聲明，他個人在未來將不會擔任任何政治職務。在實現和解的過程中，為了得到藏人必要的支持，達賴喇嘛願意為此竭力發揮其影響力。

以這個承諾為基礎，第二步應該就本建議所提出的相關問題進行具實質意義的討論。為此願意就尋求共識，以及程序或時間等方面進行討論決定。

附錄E 《全體西藏民族實現名副其實自治的建議》闡釋[1]

前言

本文對中國政府就二〇〇八年十月三十一日在北京舉行第八次會談時呈交給中華人民共和國的《全體西藏民族實現名副其實自治的建議》（以下簡稱《建議》）所表達的疑慮和反對意見做出了說明。

分析和談期間杜青林部長和朱維群副部長的發言，以及書面回應和後來中央政府發

1 《全體西藏民族實現名副其實自治的建議》闡釋，引自「藏人行政中央」網站：https://xizang-zhiye.org/%E3%80%8A%E5%85%A8%E9%AB%94%E8%A5%BF%E8%97%8F%E6%B0%91%E6%97%8F%E5%AF%A6%E7%8F%BE%E5%90%8D%E5%89%AF%E5%85%B6%E5%AF%A6%E8%87%AA%E6%B2%BB%E7%9A%84%E5%BB%BA%E8%AD%B0%E3%80%8B%E9%97%A1%E9%87%8B/

表的聲明等內容，我們覺得中央政府對《建議》中的一些內容有誤解和曲解。

中央政府聲稱《建議》不僅違背了《中華人民共和國憲法》，而且也違背了「三個堅持」。我們認為，西藏人民的要求在《憲法》有關民族區域自治的精神中得到體現，而且《建議》的內容也完全沒有違背憲法和三個堅持，因而，相信本闡釋會澄清這些。

從一九七四年開始，就西藏的未來地位問題，達賴喇嘛已經開始在內部會議中討論不尋求獨立，而是通過自治達成妥協和解。一九七九年，中國領導人鄧小平提出：「除了獨立，其他問題都可以協商解決。」從此，達賴喇嘛尊者為互利解決西藏問題而進行了一系列的努力，並始終如一地堅持了以互利為原則的中間道路政策。中間道路主張通過彼此的妥協和理解，透過對話，在雙方都能夠接受的互利原則下解決問題。五點和平建議和斯特拉斯堡建議等雖然也是基於這樣的考量提出的，但中央政府對達賴喇嘛尊者的這些努力不僅未予積極正面的回應，甚至於一九八九年三月在西藏實施戒嚴等使局勢更趨惡化，因此，達賴喇嘛尊者被迫於一九九一年宣布斯特拉斯堡建議無效，但是仍然繼續堅持了以互利為原則的中間道路政策。

二〇〇二年，由於中央政府與達賴喇嘛尊者代表之間恢復直接會談，雙方因此有機會表明各自的立場、了解彼此的疑慮、需求和利益。尤其是考量到中國政府一些實際的顧慮和意願，同時基於現實，達賴喇嘛尊者深思熟慮地做出了一系列的配合和讓步，表現了達賴喇嘛尊者寬容務實與實事求是的風格，以及致力於尋求雙方都能夠接受的解決方法之決心與誠意。

《全體西藏民族實現名副其實自治的建議》是根據中央政府於二〇〇八年七月第七次會談期間提出的建議撰寫的，但中央政府對此做出的回應或批評意見，主要並不是基於正式提出的《建議》內容，而是將之前在不同時期、不同情勢下向公眾發表的一些建議或講話內容做為依據。

達賴喇嘛尊者堅持西藏人民的前途只能在中華人民共和國憲法有關民族區域自治的精神下尋求解決，以及不主張分離或獨立的立場之前已予再三說明，對此，《建議》和本闡釋予以重申和強調。

二〇〇八年十一月在達然薩拉召開的流亡藏人特別大會，強調並再次確認了根據中間道路的互利原則，繼續與中華人民共和國進行接觸會談的政策；國際社會不僅鼓勵雙方繼續進行接觸會談，而且認為《建議》是雙方討論的最佳基礎。

一、尊重中華人民共和國的主權和領土完整

達賴喇嘛尊者不僅一再聲明不尋求西藏獨立、不尋求西藏從中華人民共和國分離的立場，而且在西藏的地位問題上，一直致力於促使西藏長久持續地留在中華人民共和國的範圍內，這一立場在《建議》中已有清楚的表明。《建議》不過是就如何實施名副其實的民族區域自治闡述想法，以及對名副其實的自治做出清楚的闡釋而已，其中並未涉及所謂的「獨立」「半獨立」或「變相獨立」。《建議》所闡述的自治形式和標準完全符合《中華人民共和國憲法》有關自治的精神。正如《建議》闡述的那樣，在世界的許多國家，這樣的自治對少數民族所屬的國家的主權和統一沒有帶來任何衝突和危害，這點不論在單一制政體或聯邦制國家中都在一樣實施中。許多持中立立場的政治領導人和研究學者等都認為《建議》表達的僅僅是在中華人民共和國的範圍內尋求自治的意願，而不是尋求獨立或分離。

達賴喇嘛尊者非常清楚中國政府和藏人對西藏的歷史問題的認知不同，也知道藏人難於接受中國政府的觀點，雖然因為歷史是過去式而無法更改，但達賴喇嘛尊者不是一個守舊者，他是一個開創者，達賴喇嘛無意因為對歷史問題的不同認知而影響到在中華

人民共和國範圍內尋求雙方都能接受的前途的努力。

從中央政府對《建議》的反應中可以看出，中央政府仍然懷疑達賴喇嘛的建議隱含著獨立的訴求或目的；達賴喇嘛尊者也清楚意識到中華人民共和國對西藏現狀的合法性等相關問題的疑慮和感受。因此，達賴喇嘛尊者已經通過代表、並已公開表明了一旦達成任何自治共識，達賴喇嘛尊者隨時準備利用其所具有的一切影響力，盡力促成人民對此必要的支持以及完全合法的實施。

二、**尊重中華人民共和國憲法**

《建議》非常清楚地表明了達賴喇嘛尊者是依據中華人民共和國憲法有關民族自治的精神尋求實現名副其實的自治，而不是在憲法以外。

民族區域自治的理論基礎是，在多民族國家，通過民族平等與團結，保障各少數民族的民族特性、語言文字、傳統習慣和文化的延續發展；為此憲法規定為了在少數民族聚居地區實施自治權力而建立自治機構；二〇〇四年五月發布的《西藏的民族區域自治》白皮書中也指出各少數民族已經「改變自己的命運，當家做主」。

在不違背基本精神的原則下，《憲法》需要順應世代需要和局勢變化而不斷地進行調整。中國領導人關於《憲法》需要不斷地為順應現實的變化而進行調整和完善的闡釋方向，以及實際行為均清楚表明了中華人民共和國憲法開放寬容的一面。如果將這些開放寬容的一面展現在西藏問題上，則《建議》所提出的藏人基本需求，必然可以在憲法有關民族區域自治的精神和條件下得以實現。

三、尊重三個堅持

正如《建議》表明的那樣，達賴喇嘛尊者從未對中國共產黨的執政地位提出疑問或挑戰；同時為了創建統一、穩定、和諧的社會而希望共產黨改變把西藏的宗教、傳統文化和民族特性視為危險性的看法，這是合乎情理的。

同樣我們並未對社會主義制度提出挑戰，《建議》隻字未提改變社會主義制度、或在西藏不實行社會主義制度的內容。眾所周知的是，達賴喇嘛尊者對社會主義理念中為低下階層謀取利益、平等和發展的訴求始終保持著極大的認同和嚮往。

達賴喇嘛尊者在中華人民共和國範圍內尋求名副其實的自治地位，這不僅承認了憲法有關少數民族自治的理念，而且也符合這些理念的本意目的。正如《建議》闡述的那樣，現行民族自治的實施方式，並未能讓西藏人民完全實現名副其實的自治、自主管理和「當家做主」的權利；目前，涉及藏人福利的重大決定都並不是由藏人做出，只有真正落實《建議》闡述的名副其實的自治，才能讓藏人真正具有施行民族自治的權利和能力；才能根據憲法有關自治的精神，讓西藏人民真正實現當家做主。

因此，實現名副其實自治的建議並沒有否定三個堅持。

四、對中央權力和權威的尊重

《建議》所闡述的內容並沒有否定全國人民代表大會或中央政府任何部門的權威。《建議》所表達的各項建議都充分尊重了中央政府和全國人民代表大會為主的各部門與西藏地方自治政府之間的從屬關係。不論何種形式的名副其實的自治，都需要在中央政府和地方自治政府之間，達成包括制定法規條例在內的權責分配和劃分，但地方自治政府在制定法律或條例時，其權力的有限性是無可置疑的，這點不論在單一制或聯邦制國家中都是一樣的。

這一理論在憲法中也得到認可，憲法設計自治制度的目的是為了讓自治地方享有較一般省份更多的決策權力。但規定所有的法律和條例都需要經過全國人大常務委員會批准的條款（憲法第一百一十六條），卻使地方自治政府做出適合各自特點之決策的權利變得甚至不如一般（未實行自治）的省份。

在各級政府（如中央政府和地方自治政府）之間分配和劃分決策權力時，具有協商合作的過程是極為重要的，這不僅可以增加彼此間的了解，而且有助於減少政策、法律和條例之間的矛盾或歧異等；同時也可以減少各級政府單位在權限分配以後的實施過程中出現爭議。設計這樣的程序和方法並不會使中央政府與地方政府平等化，更不存在否定中央政府領導地位的問題。

不論憲法有關自治設計的各項重要條款，或者是其他任何必要的方法，都不代表中央政府與地方政府之間的地位相等，而且也沒有限止或減少中央政府的權威。這是為了對中央政府權限和自治機構兩者都提供合法的保障，對已經規定的自治的基本條件不是由單方面做出改變，至少對一些基礎的修改需要經過協商程序是必須的條件。

五、中央政府對《建議》中一些具體內容的疑慮

(1) 公共安全

《建議》引用自治地區權限中有關公共安全的內容，被中國政府解讀為國防問題而表示憂慮。國家的國防事務與人民的公共安全是兩個不同的問題，達賴喇嘛尊者對此的

立場是非常明確的：中華人民共和國的國防責任不僅屬於中央政府的，而且是必然的；國防不屬於地方自治政府的權限，這點幾乎所有的自治制度都是一致的。事實上，《建議》特別說明「管理民眾的內部秩序，以及自治地方的公共安全」。《建議》對安全工作人員大部分應為藏族這一點是重視的，因為他們更能了解地方的傳統和習俗，而且有助於避免一些細小糾紛演變成類似民族間的矛盾。這些建議也符合憲法第一百二十條(民族區域自治法第二十四條亦有規定)規定的精神，憲法規定：「民族自治地方的自治機關依照國家的軍事制度和當地的實際需要，經國務院批准，可以組織本地方維持社會治安的公安部隊」。

在此需要強調的是，《建議》從未提出有關中國國防軍從藏族地區撤出的問題。

(2) 語言文字

西藏語言文字的保護、使用和發展是藏人實踐名副其實自治的最為重要的問題之一。強調藏語文在藏族地區作為主要語言或母語的重要性，這並不是一個爭議性問題，因為，中央政府發布的《西藏的民族區域自治》白皮書對此也做了相同的描述，其中談到西藏地方政府通過制定條例「明確規定在西藏自治區，藏、漢語文並重，以藏語文為主的」。再說，《建議》使用「主要語言」這個概念就已清楚表明了其他語言的存在。

《建議》沒有提及中文的學習和使用問題，這並不能解釋為要將中華人民共和國的主要通用語「趕出」西藏。與此相關而需要引起注意的是，西藏流亡組織的領導人已經開始在流亡社會鼓勵和推展中文教育。

因此，不能將藏人提出應以學習母語為主的建議，認定成為分裂的動機。

(3) 控制人口流動的條例

《建議》要求賦予地方自治政府就外來人口在西藏居留、定居、工作和其他經濟活動方面制定相關規範條例的權限，這只是自治的一般特性，而且在中華人民共和國也不是沒有先例可循。

在很多國家，自然地具有或制定了為保護原住民、少數民族地區或生態環境脆弱地區而限制本國其他地區人口移入的機制和法律條文。《建議》明確提出這並不是為了將長期留居西藏的非藏族人口逐出。正如在會談中特使們已經解釋過的那樣，達賴喇嘛尊者和噶廈在之前的講話中對此已做了明確的說明。如二〇〇八年十二月四日達賴喇嘛尊者在歐洲議會的演講中就特別強調指出：「我們清楚地表明了我們的目的，並不是將非藏人驅逐；我們擔心的是以漢族為主的其他民族人口由於刻意地大量移居西藏，使西藏人在自己的家鄉也成為少數民族，並對極為脆弱的西藏生態環境造成嚴重的威脅」，這已清楚說明其中並不存在除單一藏族而外排斥其它民族的說法。因此，這只是為保護面臨滅絕危機的西藏原住民族而對臨時流動人口、求職者、以及新來定居者制定規範條例的權限分配問題。

在對《建議》的回應中，中央政府稱：「在憲法和民族區域自治法中並沒有控制流動人口的辦法」，從而完全否定了地方自治政府對來自中華人民共和國其他地區的人口，就他們的遷入或經濟活動行為制定管理條例的權力。事實上，《民族區域自治法》第四十三條就規定：「民族自治地方的自治機構根據法律規定，制定管理流動人口的辦法」，從而為制定這類管理辦法提供了法律依據。

因此，在這方面《建議》根本沒有違背中華人民共和國憲法。

(4) 宗教

《建議》要求賦予西藏人民基於自己的信仰而去實踐宗教的自由，這不僅完全符合中華人民共和國憲法有關信仰自由的精神，而且也符合世界多數國家實行的政教分離的觀念。

中華人民共和國憲法第三十六條保障「不得強制公民信仰宗教或者不信仰宗教」，但是，目前政府當權者對藏人實踐自己宗教的能力加強了干預。

上師和弟子關係以及講經說法等是宗教實踐的重要組成部份，對此的限止是對宗教信仰自由的踐踏。類似二〇〇七年七月十八日頒布有關活佛轉世的認定辦法，這是政府和政府部門對轉世認定事務的公然涉入或干預，是完全違背憲法有關宗教信仰自由的嚴重行為。

宗教問題涉及面極為廣泛，成為藏人最基本的問題。有關當局不應將宗教實踐視為威脅而應予尊重，因為，歷史上佛教在漢藏民族之間曾經是促進團結的主要的積極因素。

(5) 一個自治區域的管理

西藏人民希望在一個民族自治區內實現自治的願望，是基於憲法有關民族區域自治的精神，而不是所謂大小西藏的問題，這一點在《建議》中有明確的說明。事實上，正如《建議》所指出的那樣，《民族區域自治法》就規定通過法定程序可以改變行政邊界。因此，這一問題從來就沒有違背憲法。

正如代表們在之前的會談中所指出的那樣，周恩來總理、陳毅副總理、胡耀邦總書記等許多中國領導人對藏族地區設立統一行政區域的構想表示了支持的立場。第十世班禪喇嘛、阿沛・阿旺晉美、巴瓦・平措旺傑（平旺）等許多中華人民共和國的藏族領導官員們也不僅就此表明意願，而且堅信這樣做符合中華人民共和國憲法和其他的相關法律。一九五六年中央政府還為整個藏族地區建立同一自治區而讓共產黨老黨員桑傑益喜(天寶)等組成特別小組，專責統籌規劃，但由於後來的極左路線而不了了之。

所有藏區處於同一行政管理下的主要理由是，西藏人從心底裡希望自治能以同一民族的面貌實現，同時也是為了保護和弘揚與此相關的傳統和以佛教思想為基礎的價值觀。正如憲法第四條的規定，這也是憲法有關地方自治理念的主要依據和出發點。藏人關心的是整個藏族地區的統一問題，《建議》尊重和反應了這一點。目前仍在實施的「分而治之」的政策無法滿足人民的上述要求。西藏人民具有共同的歷史、宗教、文化認同、語言文字、以及地理環境等。西藏民族在中華人民共和國範圍內是歸屬於一個民族，而不是多個民族，目前劃併入其它省份的藏族自治州或自治縣內的西藏民族也是同一個民族。達賴喇嘛尊者和西藏人所關心的是維護和發展西藏的傳統文化、佛教價值觀、民族特性和生態環境。西藏人並不是要擴張民族自治的範圍，而是希望與中華人民共和國的其他自治區一樣，將現已獲得承認的藏族自治地區置於同一個行政管轄範圍內。只要一天不賦予西藏人民自主管理自己事務的機會，維護西藏文化與生存方式的願望就一天不可能圓滿實現。目前，西藏民族中一半以上的人口除了依據中國其他省份的利益和需求而外，無法享有任何實質性的參與。

正如《建議》所闡述的那樣，為了實現名副其實的民族區域自治，西藏人必須具有涵蓋整個藏族地區的藏人自己的自治政府、人民代表大會、以及相應的自治政府的行政部門。這一理念得到憲法有關少數民族「所聚居的地方」有權施行區域自治，以及「設立自治機關，行使自治權」(憲法第四條)等條文的支持。

《民族區域自治法》前言中鄭重聲明：「國家充分尊重和保障各少數民族管理本民族內部事務權利」，如果這還不足於讓邊界不間斷地連成一片的民族聚居區域組成統一的自治區，則憲法有關民族區域自治的精神顯然無法得到貫徹實施。

將西藏民族分割後置於眾多法律和條例的控制下，這不僅使西藏人民未能得到行使名副其實自治的權利，而且也對傳承西藏獨特的文化傳統造成了困難；中央政府進行必要的行政區域調整並不是不可能，在中華人民共和國的其他地區、包括內蒙、寧夏、廣西自治區等的行政區劃都曾有過變動。

(6) 政治、社會和經濟制度

達賴喇嘛尊者已經多次強調，沒有一個西藏人夢想要恢復一九五九年以前在西藏實施過的政治、社會和經濟等舊制度。未來自治的西藏和藏人的社會、經濟以及政治制度除了繼續向前發展而外，沒有任何倒退回舊世代的意願。繼續頑固地指控達賴喇嘛尊者和西藏流亡組織試圖恢復舊制度的說法是毫無根據的無理糾纏，且令人困惑。

不論中國或世界其他國家，在歷史上都曾有過在現代社會絕對無法接受的政治制度，西藏的舊制度也是如此。整個世界在政治和社會領域取得了巨大的進步，包括為接受人權觀念和提高生活水平而做出了巨大的努力。西藏流亡藏人在現代民主制度的發展、以及教育、衛生、組織制度等方面也取得了進步，已經和世界人民一樣並駕齊驅。顯然，中華人民共和國境內的西藏民族在中國政府的管理下，不論社會、教育、衛生和經濟都有了一定的發展。但是，西藏人民的生活狀況在中華人民共和國境內仍然是最落後的，藏人的人權並未得到尊重。

六、需要認識的一些基本問題

達賴喇嘛尊者和西藏流亡組織的諸領導者沒有任何與個人相關的期望或要求。達賴喇嘛尊者所關心的只是西藏人民的權利和福祉，因此，需要解決的最基本問題，就是通過誠心誠意地實施民族區域自治，讓西藏人根據自身的需求和能力能夠進行自我管理。

達賴喇嘛尊者是做為西藏人民的代言人，西藏人民對達賴喇嘛尊者的信任，以及達賴喇嘛尊者與西藏人民之間具有深厚的歷史性聯繫，沒有任何一件事情可以比迎接達賴喇嘛尊者返回西藏更讓西藏人產生一致的共識。西藏人民始終將達賴喇嘛尊者視為藏人的真正代表和代言人；達賴喇嘛尊者做為西藏人民合法代表的地位，在任何時候都是不容置疑的，因此，只有通過與達賴喇嘛尊者協商，才能化解西藏問題，認識到這一點是極為重要的。

達賴喇嘛尊者為西藏問題擔負責任並不是為了個人的政治地位或權利，也不是為了給西藏流亡政府爭取權利，就西藏的未來一旦達成共識，西藏流亡政府就會被撤銷，西藏的根本責任要由境內現有工作人員們擔負起來。達賴喇嘛尊者已經多次聲明將不會在未來的西藏擔負任何政治職務。

七、達賴喇嘛尊者的合作

為了消除中央政府對達賴喇嘛尊者就上述問題的立場認識方面的疑慮，達賴喇嘛尊者準備按照之前說明的那樣，發佈公開的聲明。

為了讓公開聲明能夠滿足中央政府和藏人的基本需求，中央政府的代表和達賴喇嘛的代表應對此進行詳細協商。

雙方應開誠布公地表達立場，這是極為重要的，不應像之前一樣利用來影響和談議程。

由於相信依據中華人民共和國憲法有關自治的精神，可以實現藏人的利益，達賴喇嘛為此做出了許多的努力。為了實現突破和雙方滿意的結果，希望中華人民共和國的代表珍惜《建議》和本闡釋所創造的機會，為實現雙方都可以接受的更進一步的結果而進行更深入的商談。本文根據藏文翻譯，如有歧義，以藏文為準。

注釋

（注釋數字編號為原文頁碼，請對照本書內文頁面下方括號內原文頁數。）

前言

Xii 這份文件一開頭就提及：引自 *Tibet Since 1951: Liberation, Development and Prosperity* (The State Council Information Office of the People's Republic of China, May 2021), 3–4. http://english.www.gov.cn/archive / whitepaper/202105/21/content_WS60a724e7c6d0df57f98d9da2.html.

Xiii 通過了一系列的決議: 有關針對西藏通過的重要國際決議，見 https://tibet.net/international- resolutions- and -recognitions-on-tibet-1959-to-2021/.

1. 入侵行動與新的統治者

2 祕書長閣下：全文見達賴喇嘛寫的 *My Land and My People* (New York: Grand Central Publishing, 1997), appendix II。針對中國入侵西藏的反應，賈瓦哈拉爾・尼赫魯總理1950年12月7日對印度國會發表了一份聲明，他聲稱：「既然西藏和中國是不同的國家，我們終究應該希望西藏人民取得勝利。」

8 談到掠奪糧食的罪行，這個說法在愛德加・史諾（Edgar Snow）寫的 *Red Star Over China* (New York: Random House, 1938) 193頁有報導過。

3. 到訪印度

19 轟炸寺院：有關1956年3月轟炸理塘寺，以及大約此時在西藏東部其他地區大量屠殺藏人，見 Jianglin Li, *When the Iron Bird Flies: China's Secret War in Tibet* (California: Stanford University Press, 2022)，特別是第三章至第六章。

20 每一位虔誠的佛教徒:見 Dalai Lama, My Land and My People (New York: Grand Central Publishing, 1997), 121.。

20 我表達了深切的欽佩：達賴喇嘛的演說全文見W. D. Shakabpa, *Tibet: A Political History* (New Haven: Yale University Press, 1967), 329–31.的英文翻

譯。

22　此趟印度之行也：見Jianglin Li, *Agony in Tibet: Lhasa 1959*, trans. Susan Wilf (Cambridge: Harvard University Press, 2016), chap. 2, 包括了1956年達賴喇嘛訪問印度期間，達賴喇嘛與周恩來會面以及周恩來與尼赫魯會面的詳細描述。

24　周恩來甚至在尼赫魯的面前承諾：這在Jawaharlal Nehru, *Selected Works of Jawaharlal Nehru*, series 2, vol. 36 (New Delhi: Jawaharlal Memorial Fund, 2005), 600.書中獲得證實。

4. 逃離家園

27　我身為佛陀的弟子：達賴喇嘛的拒絕見 John Kenneth Knaus, *Orphans of the Cold War: America and the Tibetan Struggle for Survival* (New York: Public Affairs, 1999), 141.。

32　數千年以來：此份文告的英文翻譯與藏文音譯(Wylie transliteration)版本可以在Melvyn C. Goldstein, *A History of Modern Tibet*, vol. 4, *In the Eye of the Storm* (Berkeley: University of California, 2019), 473., appendix B找到。

33　作為美國政府整體戰略中的一部分：這個西藏反抗運動後來重新整隊，並且以尼泊爾的木斯塘作為基地。最終由達賴喇嘛的姊夫與首席安全官達拉平措扎西（Takla Phuntsok Tashi）為首的達蘭薩拉代表團，帶了達賴喇嘛親自錄音的口信，說服西藏反抗軍解除武裝。有關美國支持西藏的詳細歷史記載，特別是支持西藏反抗軍這部分，見Knaus, *Orphans of the Cold War* (New York: Public Affairs, 1999)。

5. 關於地緣政治的省思

36　早期的編年史記載這個國王：見 *The Old Tibetan Chronicle*, Pelliot Tibétain MS 1286.; 這段引文英文翻譯出自Matthew T. Kapstein, *The Tibetans* (Oxford: Blackwell, 2006), 35.。

40　我現已五十八歲：這段引文英文翻譯出自 Glenn H. Mullin, *The Fourteen Dalai Lamas: A Sacred Legacy of Reincarnation* (Santa Fe: Clear Light Publishers, 2001), 437–39.。

43　中國幾乎已經擴張到我們的大門口了：薩達爾・帕特爾（Sardar Patel）寫信給總理尼赫魯的全文見*Indian Leaders on Tibet*, 5–11.。https://tibet.net/indian-leaders-on-Tibet/

45　若粗心馬虎、以器械或商業方式開採，最終：有關為何西藏如此重要，特別從生態的觀點和中共摧毀西藏生態系統的報導來看，見 Michael Buckley, *Meltdown in Tibet: China's Reckless Destruction of Ecosystems from the Highlands of Tibet to the Delta of Asia* (New York: Palgrave Macmillan, 2014)。

45　一位在西藏居住多年的著名中國環境科學家：引自 He Huaihong, *Social Ethics in a Changing China: Moral Decay or Ethical Awakening?* (Washington, DC: Brooking Institution Press, 2015)。

6. 被摧毀的家園、流亡後的重建

48　我總結道，我殷切期盼：這份達賴喇嘛記者會聲明的全文見*Facts About the 17-Point "Agreement" Between Tibet and China* (Dharamsala: Department of Information and International Relations, 2022), 110–13.。https://tibet.net/facts-about-17-point- agreement -between-tibet-and-china-2001/.

49　沒有人會要求印度為了西藏和中國宣戰：這份聲明的全文見*Indian Leaders on Tibet*, 18–19.。https://tibet.net/indian-leaders-on-Tibet/.

50　倘若其中一方違反協議：這份聲明的全文見 *Facts About the 17-Point "Agreement,"* 114–17。https://tibet.net/facts- about -17-point-agreement-between-tibet-and-china-2001/.

50　我們從難民的敘述中所聽到的一切：見 International Commission of Jurists, *The Question of Tibet and the Rule of Law* (Geneva: International Commission of Jurists, 1959), iv, 17, 18, 68.。

50　第二份報告：見International Commission of Jurists, *Tibet and the Chinese People's Republic: A Report to the International Commission of Jurists by Its Legal Inquiry Committee on Tibet* (Geneva: International Commission of Jurists, 1960), 13.。

51　一九五九年九月，我自德里：這封寫給聯合國祕書長的信件見Dalai Lama, *My Land and My People* (New York: Grand Central Publishing, 1997), 218–20.。

51 一九五九年十月二十一日，聯合國大會：此份文件與其他後續有關西藏決議案的全文見Central Tibetan Administration, *International Resolutions and Recognitions on Tibet (1959 to 2021)*, 6th ed. (Dharamsala: Department of Information and International Relations, 2021)。

51 收到國務卿克里斯提安・赫特（Christian A. Herter）寫給我的兩封信：1960年10月國務卿寫給達賴喇嘛的全文見https://history.state.gov/historical-documents/frus1958-60v19/d402.

53 在這個典禮中，他們代表流亡藏人：這個大宣誓的藏文原文和英方翻譯見Lodi Gyaltsen Gyari, *The Dalai Lama's Special Envoy: Memoirs of a Lifetime in Pursuit of a Reunited Tibet* (New York: Columbia University Press, 2022), appendix A.。

54 第三十六條e項條文亦含括在內：1963年3月10日頒布的西藏憲法全文的英文翻譯見https://www.tibetjustice.org/materials/tibet/tibet2.html. 。

54 經過多年，這份文件：這部憲法在1991年半退休開始和在2011年把政治權威完全下放給民選領袖時已經修正完成。這部修正版的憲法見https://tibet.net/about- cta/constitution.。

57 由於諸如此類的許多缺點錯誤：於英國的西藏資訊網絡（The Tibet Information Network, TIN）可取得了這份《七萬言書》，其英文翻譯以下列書名出版：*A Poisoned Arrow: The Secret Report of the 10th Panchen Lama* (London: Tibetan Information Network, 1997), 113–14.。

58 一旦民族的語文、服飾、和習慣：見*A Poisoned Arrow*, 69.。

58 民主改革前西藏有大、中、小寺廟兩千五百餘座：見 *Poisoned Arrow*, 52.。

59 一九八七年三月中他直言不諱：班禪喇嘛在北京舉行的全國人民代表大會西藏自治區常務代表分組會議發言的英文翻譯全文見Central Tibetan Administration, *The Panchen Lama Speaks* (Dharamsala: Department of Information and International Relations, 1991)。

60 自從解放以後，當然：見1989年1月25日中國日報（China Daily）報導，以及引自Isabel Hilton, *The Search for the Panchen Lama* (London: Viking, 1999)。

61 就他的描述，中共：施萊辛格部長（Secretary Schlesinger）真正的聲明引自

Warren Smith, *Tibetan Nation* (Boulder: Westview Press, 1996), 560n58.。

7. 對話商談的序曲

63 如果西藏境內的六百萬藏人真的過著前所未有的快樂富裕生活：這份聲明的全文見https://www.dalailama.com/messages/tibet/10th- march -archive/1978. 。

64 「除了獨立之外」：達賴喇嘛的兄長在他的回憶錄中提供了他首次與鄧小平見面的詳細記載，見Gyalo Thondup and Anne F. Thurston, *The Noodle Maker of Kalimpong* (New York: Public Affairs, 2015), 258–62.。

69 如果藏人的身分認同得以保持：達賴喇嘛寫給鄧小平信函的全文見https://tibet.net/important- issues /sino-tibetan-dialogue/important-statements-of-his-holiness-the-dalai -lama/his-holiness-letter-to-deng-xiaoping/。

71 為了實現這個目標，重要的是：1981年3月 10 日聲明全文見https://www.dalailama.com/messages /tibet/10th-march-archive/1981.。

8. 尋求我們的第四個依止

74 致信中華人民共和國國家主席，支持直接對：見Point 14 of Sec. 1243 of Foreign Relations Authorization Act, Fiscal Years 1988 and 1989, H.R. 1777, 100th Cong. (1987) (enacted)。

74 世界日益互相依賴：達賴喇嘛在美國國會人權小組提出的五點和平計畫全文見https://www.dalailama.com/messages/tibet /five-point-peace-plan.。

76 包括衛藏、康、安多三區的西藏：斯特拉斯堡方案的全文見https://www.dalailama.com/messages/tibet/strasbourg -proposal-1988.。

80 儘管我明確地公開聲明：新德里中國大使館的記者會聲明全文見*News from China*, no. 40 (September 28, 1990)，引自 Dawa Norbu, "China's Dialogue with the Dalai Lama 1978–90: Prenegotiation Stage or Dead End?," *Public Affairs* 64, no. 3 (Autumn 1991): 351–72.。

84 我代表全世界被壓迫者以及那些為爭取自由和致力世界和平的人們，心懷深刻的感激：達賴喇嘛正式接受諾貝爾和平獎頒獎典禮的致詞全文見https://www.nobelprize.org/prizes/peace/1989/lama/acceptance-speech/#:~:text=I%20accept%20the%20prize%20with,life%20taught%20and%20inspired%20me.。

9. 天安門的餘波

89 國會認為：西藏：這份決議的全文見https://www.congress.gov/bill/102nd-congress/house-concurrent -resolution/145/text.。

90 我就有幸和該法案的聯名提案人會面：2024年7月12日拜登總統將「促進解決西藏-中國爭端法」簽署成為法律，法案聲明：「確保美國政府的聲明和文件能夠適當反駁中國政府和中國共產黨關於西藏的虛假信息，包括有關西藏歷史和制度的虛假信息。」見https://www.congress.gov/bill/118th-congress/senate-bill/138.。

90 我特別指出，這個令人驚嘆的轉型：這個演講的全文見https://tibet.net/important-issues/sino-tibetan-dialogue/important -statements-of-his-holiness-the-dalai- lama/embracing-the-enemy/.。

92 如果中國要西藏留在中國之內：達賴喇嘛致鄧小平與江澤民函的備忘錄的詳細全文見附錄C，同時也見https://tibet.net/important- issues/sino -tibetan-dialogue/important-statements-of-his-holiness-the-dalai-lama /note-accompanying-his-holiness-letters-to-deng-xiaoping-and-jiang -zemin-dated-september-11-1992/.。

93 這份文件提出一系列反對西藏獨立的論辯：見https://en.humanrights.cn/1992/09/30/9ed6ff95f0ce4c2099928bafef562f98.html.。

94 例如說，他們的一份官方文告：英文翻譯引自Robert Barnett, ed., *Cutting Off the Serpent's Head: Tightening Control in Tibet, 1994-1995* (London: Human Rights Watch, Tibet Information Network, 1996), 32.。

94 該文告也敦促西藏境內的僧團：見Barnett, *Cutting Off the Serpent's Head*, 33.。

94 民族教育就不能算是成功：見Barnett, *Cutting Off the Serpent's Head*, 42.。

10. 痛苦時於我有益的修行

96 我衷心以為，基於仇恨的行動：這份310紀念日聲明的全文見https://www.dalailama.com/messages/tibet/10th -march-archive/1976。

11. 千禧年的盡頭

107　西藏流亡政府將不尋求獨立：這份聲明的全文見https://tibet.net/important-issues/sino-tibetan-dialogue/the-middle-way-approach-a-framework-for-resolving-the-issue-of-tibet-2/.。

108　這份文件的結論是：「流亡在外的達賴」：見http://un.china-mission .gov.cn/eng/gyzg/bp/199802/t19980201_8410934.htm.。

109　只要達賴喇嘛公開聲明：這份記者會聲明的全文見https://china.usc.edu/president-clinton-and-president-jiang-zemin -%E6%B1%9F%E6%B3%BD%E6%B0%91-news-conference-beijing-1998.。

12. 最終對話

113　2008年3月18日，西藏的共產黨領導人：Christopher Bodeen引用西藏日報新聞，報導中國說：「達賴是一隻披著袈裟的豺狼」，*Toronto Star*, March 19, 2008。

115　獲邀在美國國會金質獎章典禮上致詞：達賴喇嘛在美國國會金質獎章典禮上致詞的全文見https://www.dalailama.com/messages/acceptance- speeches/u-s-congressional-gold-medal/congressional-gold-medal.。

115　我強調漢人與藏人都傳承了大乘佛教的精神：這些達賴喇嘛呼籲的全文見https:// www.dalailama.com/messages/tibet.。

116　儘管我們的立場多年來一直都很明確：《有關全體西藏民族實現名符其實自治的建議》全文見附錄D，也可見https://tibet.net/important- issues/sino-tibetan -dialogue/memorandum-on-geniune-autonomy-for-the-tibetan-people/.。

117　中國其後在2009年又重複了同樣的評論：全文見http://un.china- mission.gov.cn/eng/gyzg/xizang/200903 /t20090303_8410897.htm.。

118　看到我們的建議引來如此無理且過度的負面反應：達賴喇嘛對歐洲議會全會發表演講的全文見https://tibet.net/address-to-the-plenary-session-of -the-european-parliament/.。

118　先不論他們對我方建議的立即、刻意攻擊：《全體西藏民族實現名副其實自治的建議》闡釋全文見附錄E，也可見於https://tibet.net/important-issues/sino-tibetan-dialogue/note-on-the -memorandum-on-genuine-autonomy-for-the-tibetan-people/.。

118 二〇一一年三月十九日，年屆七十五歲的我：達賴喇嘛關於退休的評論全文見https://www.dalailama.com /messages/retirement-and-reincarnation/retirement-remarks.。

13. 審時度勢

123 北京以名為〈西藏的發展與進步〉的西藏政策白皮書，明確回應：見https://www.chinadaily.com.cn/kindle/2013 -10/23/content_17052580.htm.。

14. 什麼事會為我帶來希望

132 我同時也說，北京政府一直強調西藏的穩定：這場與達賴喇嘛的現場網路問答討論見https://www.nybooks.com/online/2010/05/24/talking-about-tibet /?printpage=true.。

15. 現今的處境與未來的道路

135 依據某些消息來源：其中一個消息來源見https://www.ohchr.org/en/press -releases/2023/02/china-un-experts- alarmed-separation-1-million-tibetan -children-families-and.。

139 2011年，我特別召開一次所有主要西藏宗教教派領袖的集會：這份聲明的英文翻譯全文見https://www.dalailama.com/news/2011 /statement-of-his-holiness-the-fourteenth-dalai-lama-tenzin-gyatso-on -the-issue-of-his-reincarnation.。

16. 呼籲

145 多劫佛深思：這些偈頌引自寂天菩薩所寫《入菩薩行》的第一章7–8頌、第三章17、21–22頌和第十章55頌。

附錄A 西藏：歷史概述

150 今蕃漢二國所守見管：這段英文翻譯引自H. E. Richardson, "The Sino-Tibetan Treaty Inscription of AD 821–823 at Lhasa," *Journal of the Royal Asiatic*

Society 2 (1978): 153–54.。

154 他說當時他正在寫一本書：劉漢城是香港城市大學講座教授，他用中文寫的書《西藏從未是中國的一部分》後來於2019年在臺灣出版。

附錄D 《有關全體西藏民族實現名符其實自治的建議》

182 《有關全體西藏民族實現名符其實自治的建議》: 2008年10月31日由達賴喇嘛代表團，在2002年至2010年的第二次正式對話第八輪會談中交給中方談判代表。英文翻譯見https://tibet.net/important- issues/sino- tibetan -dialogue/memorandum-on-geniune-autonomy-for-the-tibetan-people/.。

附錄E 《全體西藏民族實現名副其實自治的建議》闡釋

200 《全體西藏民族實現名副其實自治的建議》闡釋：這份闡釋由達賴喇嘛的特使在北京舉行的第九輪會談正式交給中方談判代表。英文翻譯見：https://tibet.net/important-issues/sino-tibetan-dialogue/note-on-the-memorandum-on-genuine-autonomy-for-the-tibetan-people/.。

精簡版參考書目

A Poisoned Arrow: The Secret Report of the 10th Panchen Lama. London: Tibetan Information Network, 1997.

Avedon, John F. *In Exile from the Land of Snows*. New York: Vintage Books, 1986.

Barnett, Robert, ed. *Cutting Off the Serpent's Head*. London: Human Rights Watch, Tibet Information Network, 1996.

Barnett, Robert, and Shirin Akiner, eds. *Resistance and Reform in Tibet*. London: C. Hearst & Co., 1994.

Brook, Timothy, Michael van Walt van Praag, and Miek Boltjes, eds. *Sacred Mandates: Asian International Relations Since Chinggis Khan*. Chicago: University of Chicago Press, 2018.

Buckley, Michael. *Meltdown in Tibet: China's Reckless Destruction of Ecosystems from the Highlands of Tibet to the Delta of Asia*. New York: Palgrave Macmillan, 2014.

Dalai Lama, the. *Freedom in Exile*. London: Hodder & Stoughton, 1990.

Dalai Lama, the. *My Land and My People*. New York: Grand Central, 1997; first published in 1962 by Weidenfield & Nicolson.

Franke, Herbert. "Tibetans in Yuan China." In *China Under Mongol Rule*, edited by John D. Langlois. Princeton: Princeton University Press, 1981.

Goldstein, Melvyn C. *A History of Modern Tibet*. Vol. 1, *The Demise of Lamaist State, 1913–1951*. Berkeley: University of California Press, 1989.

Goldstein, Melvyn C. *A History of Modern Tibet*. Vol. 4, *In the Eye of the Storm: 1957–1959*. Berkeley: University of California Press, 2019.

Gyari, Lodi Gyaltsen. *The Dalai Lama's Special Envoy: Memoirs of a Lifetime in Pursuit of a Reunited Tibet*. New York: Columbia University Press, 2022.

International Commission of Jurists. *The Question of Tibet and the Rule of Law*. Geneva:

International Commission of Jurists, 1959.

International Commission of Jurists. *Tibet and the Chinese People's Republic: A Report to the International Commission of Jurists by Its Legal Inquiry Committee on Tibet*. Geneva: International Commission of Jurists, 1960.

Knaus, John Kenneth. *Orphans of the Cold War: America and the Tibetan Struggle for Survival*. New York: Public Affairs, 1999.

Laird, Thomas, with the Dalai Lama. *The Story of Tibet: Conversations with the Dalai Lama*. New York: Atlantic Books, 2006.

Li, Jianglin. *Agony in Tibet: Lhasa 1959*. Translated by Susan Wilf. Cambridge: Harvard University Press, 2016.

Li, Jianglin. *When the Iron Bird Flies: China's Secret War in Tibet*. Translated by Stacy Masher. California: Stanford University Press, 2022.

McCorquodale, Robert, and Nicholas Orosz, eds. *Tibet: The Position in International Law*. Report of the Conference of International Lawyers on Issues Relating to Self-Determination and Independence for Tibet. London: Serindia, 1994.

Schwartz, Ronald D. *Circle of Protest: Political Ritual in the Tibetan Uprising, 1987–1992*. New York: Columbia University Press, 1995.

Shakabpa, W. D. *Tibet: A Political History*. New Haven: Yale University Press, 1967. Reprinted by Potala Publications in 1984.

Shakya, Tsering. *The Dragon in the Land of Snows*. London: Pimlico, 1999.

Smith, Warren. *Tibetan Nation*. Boulder: Westview Press, 1996.

Thondup, Gyalo, and Anne F. Thurston. *The Noodle Maker of Kalimpong*. New York: Public Affairs, 2015.

van Schaik, Sam. *Tibet: A History*. New Haven: Yale University Press, 2011.

van Walt van Praag, Michael C. *The Status of Tibet: History, Rights, and Prospects in International Law*. Boulder: Westview Press, 1987.

van Walt van Praag, Michael C., and Miek Boltjes. *Tibet Brief 20/20*. Outskirts Press, 2020.

Woeser, Tsering. *Tibet on Fire: Self-Immolations Against Chinese Rule*. Translated by Kevin Carrico. New York: Verso, 2016.

國家圖書館出版品預行編目資料

為無聲者發聲：達賴喇嘛的七十年和平抗爭，守護西藏及其人民的自由與權利 / 第十四世達賴喇嘛（The 14th Dalai Lama）著 ; 翁仕杰 譯. -- 初版. -- 臺北市 : 商周出版, 城邦文化事業股份有限公司出版 : 英屬蓋曼群島商家庭傳媒股份有限公司城邦分公司發行, 2025.07
面 ; 14.8×21公分
譯自 : Voice for the voiceless
ISBN 978-626-390-578-8（平裝）
1. CST: 達賴喇嘛十四世(Bstan-'dzin-rgya-mtsho, Dalai Lama XIV, 1935-)
2. CST: 藏傳佛教　3. CST: 佛教傳記

226.969　　114007554

線上版讀者回函卡

為無聲者發聲：
達賴喇嘛的七十年和平抗爭，守護西藏及其人民的自由與權利

原著書名 / VOICE FOR THE VOICELESS
作　　者 / 第十四世達賴喇嘛（His Holiness the 14th Dalai Lama）
譯　　者 / 翁仕杰

法律顧問 / 元禾法律事務所
出　　版 / 商周出版
城邦文化事業股份有限公司
台北市南港區昆陽街16號4樓
電話：(02) 2500-7008 傳眞：(02) 2500-7579
E-mail：bwp.service@cite.com.tw
發　　行 / 英屬蓋曼群島商家庭傳媒股份有限公司城邦分公司
台北市南港區昆陽街16號8樓
書虫客服服務專線：(02) 2500-7718 · (02) 2500-7719
24小時傳眞服務：(02) 2500-1990 · (02) 2500-1991
服務時間：週一至週五09:30-12:00 · 13:30-17:00
劃撥帳號：19863813　戶名：書虫股份有限公司
讀者服務信箱E-mail：service@readingclub.com.tw
城邦讀書花園 網址：www.cite.com.tw
香港發行所 / 城邦（香港）出版集團有限公司
香港九龍土瓜灣土瓜灣道86號順聯工業大廈6樓A室
電話：(852) 2508-6231　傳眞：(852) 2578-9337
E-mail：hkcite@biznetvigator.com
馬新發行所 / 城邦（馬新）出版集團 Cité (M) Sdn. Bhd.
41, Jalan Radin Anum, Bandar Baru Sri Petaling,
57000 Kuala Lumpur, Malaysia
電話：(603) 9057-8822　傳眞：(603) 9057-6622

內文排版 / 新鑫電腦排版工作室
印　　刷 / 韋懋實業有限公司
經 銷 商 / 聯合發行股份有限公司
電話：(02) 2917-8022　傳眞：(02) 2911-0053
地址：新北市231新店區寶橋路235巷6弄6號2樓

■2025年07月初版
定價 450 元

Printed in Taiwan
城邦讀書花園
www.cite.com.tw

Original title: Voice for the voiceless by His Holiness the Dalai Lama
Published under the auspices of Gaden Phodrang Foundation of the Dalai Lama
Shih-Chieh Weng's complex Chinese translation is published by Business Weekly Publications, a division of Cité Publishing Ltd. in 2025 with courtesy of Gaden Phodrang Foundation of the Dalai Lama

ISBN　978-626-390-578-8
EISBN　978-626-390-579-5（EPUB）

達賴喇嘛在一九五〇年十一月被促請承擔西藏及其人民的世俗領導權，他當時只有十六歲。

第十四世達賴喇嘛與他的家人。從左到右：他的母親德吉才仁；大姊才仁卓瑪；哥哥：塔澤仁波切、嘉樂頓珠、洛桑桑丹；尊者；他的妹妹吉尊貝瑪；以及他的小弟丹增曲傑。

一九五四年北京，達賴喇嘛（十九歲）與班禪喇嘛（十六歲）。

一九五四年九月在北京全國人民代表大會開幕典禮上受到毛澤東主席的歡迎。

一九五四年與班禪喇嘛在副總理鄧小平的陪同下，在北京火車站行經一群歡迎者。

一九五九年二月，當西藏首都拉薩的緊張情勢逐漸升高，隨後在三月十日爆發了西藏人民起義，那時候達賴喇嘛還是學生，必須接受嚴格的拉讓巴格西最終考試。

在北京設宴慶祝西藏新年。從左至右：周恩來總理、班禪喇嘛、毛澤東、達賴喇嘛和劉少奇（安排繼任毛澤東成為主席）。

一九五六年與印度總理賈瓦哈拉爾·尼赫魯及總理周恩來出席官方活動。

一九五九年三月與他的小弟丹增曲傑在奔向自由的漫長旅程中，
從一個隘口走下來。

一九九三年時哲蚌寺（一四一六年建於拉薩近郊）的大片廢墟，
在文化大革命期間被人民解放軍完全摧毀。

當達賴喇嘛於一九五九年三月逃離西藏開始流亡時，由西藏士兵與反抗軍戰士隨行護衛。

一九五九年三月帶著隨行人員逃出西藏首都拉薩。

安珠貢布扎西是名為「自願護教軍」的西藏反抗軍領袖。

一九五九年三月，追隨達賴喇嘛流亡的西藏難民抵達印度。總數高達八萬人的西藏難民從一九五九年到一九六〇年代初期設法出逃流亡。

一九五九年三月十日，在拉薩突發的西藏人民起義。

訪問一九六〇年代初期在南印度建立的新藏人定居點。

訪問另一個在南印度建立的新藏人定居點。在最左邊的僧官是達賴喇嘛的資深祕書塔啦丹增曲尼（Tara Tenzin Choenyi）。

西藏難民在北印度從事築路工作。西藏被中國占領意味印度現在就需要派兵駐守與西藏接壤的超過三千公里的邊界。

一九五九年四月尼赫魯在穆索里拜會達賴喇嘛，這裡是尊者抵達印度後第一個被招待的地方。

一九六〇年代初期與年幼難民合影。

會見尼赫魯的女兒英迪拉·甘地（Indira Gandhi），她後來成為印度第三任總理。

一九六〇年代初期，達賴喇嘛在達蘭薩拉第一個住所斯瓦加什拉姆（Swarg Ashram）與一些西藏兒童難民相見問候。

一九六〇年代初期探望在北印度一所臨時學校的西藏年幼學生。

一九八九年在挪威奧斯陸接受諾貝爾和平獎。

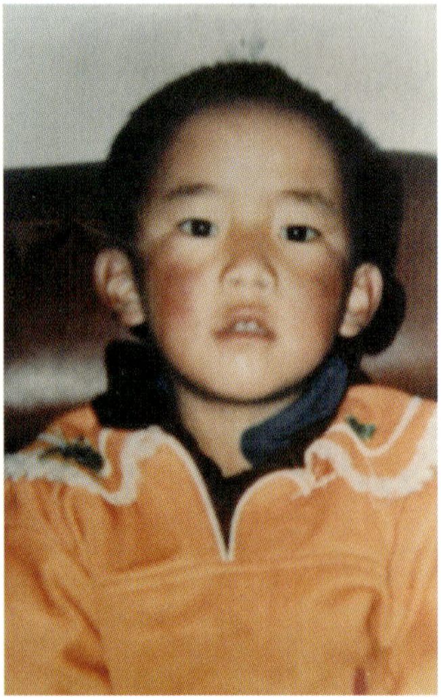

第十一世班禪喇嘛更登確吉尼瑪六歲時拍的照片。時至今日，仍然沒有他身在何處的可靠訊息，而這張照片在西藏境內仍然被禁。

一九七〇年在達蘭薩拉舉行時輪金剛灌頂（藏傳佛教中一個與和平有關的長達好幾天的重要宗教活動）。

二〇〇七年十月二十七日在美國首都從布希總統手中接受美國國會
金質獎章。